GILLES & JEANNE

Michel Tournier

de l'Académie Goncourt

Gilles
&
Jeanne

RÉCIT

nrf

Gallimard

*Il a été tiré de l'édition originale de cet ouvrage
quarante-deux exemplaires sur vergé blanc de
Hollande van Gelder numérotés de 1 à 42 et
soixante-deux exemplaires sur vélin d'Arches
Arjomari-Prioux numérotés de 43 à 104.*

C'est en cette fin de l'hiver 1429 – le 25 février – au château de Chinon que leurs destins se sont croisés. Gilles de Rais fait partie de ces hobereaux bretons et vendéens qui ont pris fait et cause pour le dauphin Charles, bousculé par l'armée anglaise. Au nom d'Henri VI, roi d'Angleterre – qui n'est encore qu'un enfant – son oncle Jean, duc de Bedford, exerce la régence. Mais il règne aussi à Paris, il occupe la Normandie et assiège Orléans, porte du sud de la France.

A Chinon on parle beaucoup, on agit peu. Ces politiques et ces militaires abreuvés d'échecs et de défaites croient-ils encore à la cause qu'ils défendent? Il n'est pas jusqu'au dauphin Charles qui n'ose s'affirmer avec assurance le fils de Charles VI à travers toutes les trahisons de sa mère, Isabeau de Bavière. Une société brillante, mais sans âme, clabaude, cancane et jase sous les plafonds à caissons de la salle du trône qu'illumine une immense cheminée.

C'est alors qu'on annonce une étrange visite. La cour s'en promet quelque divertissement. Une jeune fille de seize ans, d'origine paysanne, venue des Marches de Lorraine, se dit envoyée par le Roi du Ciel pour sauver le royaume de France. Le Dauphin a décidé de la recevoir. Pour les courtisans cette extravagante est la bienvenue : les distractions se font rares en cette mauvaise saison d'exil. Mais Charles, angoissé, harcelé de sinistres nouvelles, environné de sombres présages, nourrit sans doute un faible et secret espoir, comme un malade abandonné par les médecins qui se tournerait vers un guérisseur.

A cette heure tardive, on se presse dans la salle du trône. Plus de cinq cents chevaliers éclairés par une forêt ardente de torches s'immobilisent soudain et regardent vers la porte. Ils voient survenir à pas décidés un petit page dont l'habit noir et gris de gros drap contraste rudement avec leurs brocarts, leurs fourrures d'argent et d'hermine, leurs tuniques de soie brodée. Des yeux verts et lumineux, un visage osseux aux pommettes hautes, un casque de cheveux sombres coupés au bol, et cette démarche souple, presque animale que donne l'habitude de marcher pieds nus... En vérité cet être-là vient d'ailleurs et jure au milieu des courtisans, comme un jeune faon parmi les dindons, les paons et les pintades d'une basse-cour.

Elle a fait tenir au Dauphin un message péremptoire :

J'ai parcouru cent cinquante lieues au milieu des bandes armées pour vous porter secours. J'ai beaucoup de bonnes choses à vous dire. Je saurai vous reconnaître entre tous.

Les gentilshommes ont bien ri. Charles a eu un sourire pincé. Entre la fille-garçon qui se veut envoyée de Dieu et le faux roi, fils d'un fou cocu et d'une reine putain, va se jouer un jeu étrange de dissimulation et de reconnaissance.

— Elle prétend me reconnaître entre tous, dit Charles. Eh bien soit! Mettons-la à l'épreuve. Qu'elle entre et qu'elle reconnaisse le Dauphin entre tous!

Il s'est levé et a cédé son fauteuil fleurdelisé au comte de Clermont — celui-là même qui a été retenu en captivité par Jean sans Peur et libéré sous la condition qu'il épouserait sa fille Agnès.

Le voici donc le petit page au regard de lumière.

Il cherche le Dauphin. Il hésite devant Clermont, puis apercevant Charles, il va à lui et s'agenouille. Comment l'a-t-il reconnu? A son nez lourd, à sa bouche tombante, à son crâne rasé, à ses jambes cagneuses? Mais lui ne la reconnaît pas. Il ne voit qu'un jeune garçon qui veut se faire passer pour une pucelle, une illuminée qui se réclame d'un commerce quotidien avec les saints du paradis.

Le petit page pourtant communique déjà un peu de sa force de conviction à cette ombre de roi. D'une phrase, il a balayé les doutes qui planent sur lui comme un vol de charognards. *Je te dis de par Dieu que tu es vrai héritier de France et fils de roi, et que je suis envoyée pour te conduire à Reims afin que tu y reçoives ton couronnement et ta consécration.* Tant de chaleur ne peut rester sans effet. Le visage de Charles se colore d'une rougeur, et ses yeux brillent de gaieté. En Jeanne, il s'est reconnu lui-même, roi de par Dieu. Mais il s'en faut qu'il la reconnaisse elle-même en retour.

— Jeanne de Domrémy, tu te prétends fille et envoyée de Dieu, prononce-t-il. Es-tu prête à te soumettre aux épreuves que je t'imposerai?

— Seigneur Dauphin, vous commandez, Jeanne obéit, répond-elle.

Et il lui explique qu'elle ressemble à ce point à un garçon qu'il veut la faire visiter par deux matrones ici présentes : Jeanne de

Preuilly, dame de Gaucourt, et Jeanne de Mortemer, dame de Trèves.

Pauvre Jeanne! C'était la première fois qu'elle se ferait déculotter. Ce ne serait pas la dernière. En attendant, les deux matrones se rengorgent, énormes et caparaçonnées. Leurs lourdes mains couvertes de bagues se caressent l'une l'autre avant de palper le ventre de vierge et les cuisses de cavalier du petit page.

L'autre épreuve, ce sera de répondre sur des questions de religion à gens d'Église, clercs et théologiens qui se réuniront à cette fin en la bonne ville de Poitiers.

Ainsi Jeanne a reconnu Charles, lequel s'est reconnu lui-même à travers elle. Mais pour reconnaître Jeanne à son tour, il attend une expertise de son sexe et de son cœur. Pourtant il en est un qui a reconnu Jeanne du premier regard, dès son entrée dans la salle du trône. C'est Gilles. Oui, il a immédiatement reconnu en elle tout ce qu'il aime, tout ce qu'il attend depuis toujours : un jeune garçon, un compagnon d'armes et de jeu, et en même temps une femme, et de surcroît une sainte nimbée de lumière. C'est en vérité un prodigieux miracle que ces qualités si rares et si peu compatibles se trouvent réunies dans le même être. Et le miracle se poursuit quand il entend le Dauphin clore l'audience par ces mots :

— Pour l'heure, Jeanne, je te confie à mon cousin, le duc d'Alençon, et à mon féal le sire de Rais qui prendront soin de toi.

Dès lors, le Dauphin fit loger Jeanne dans une tour du château du Couldray avec à son service des femmes et un page, Louis de Coutes, à peine plus jeune qu'elle puisqu'il avait alors quatorze ans.

Le matin, elle assistait à la messe avec le Dauphin. Le reste du temps, elle se mesurait avec ses compagnons Jean et Gilles, et il n'était pas rare qu'elle leur tînt tête victorieusement à la paume, à l'épée, à la lance ou au tir à l'arc.

Un jour, d'Alençon dit à Rais en la regardant voltiger sur un cheval au galop :

— Je ne peux m'étonner qu'elle soit pucelle. A moins d'aimer les garçons, aucun homme n'aurait fantaisie de l'approcher.

Ce propos parut blesser Rais qui répliqua avec vivacité :

— Et moi, pourtant, vous m'étonnez, mon cousin. Quand on aime les garçons, on estime qu'il n'y a rien de tel qu'un garçon, un vrai, pour l'amour. Mais il y a en vérité autre chose chez Jeanne qui explique qu'elle soit pucelle.

— Quelle autre chose?

— Ne voyez-vous pas la pureté qui rayonne de son visage? De tout son corps? Il y a une innocence évidente de toute sa chair qui décourage absolument les paroles grivoises et les gestes de privauté. Oui, une innocence enfantine, avec de surcroît, je ne sais comment dire : une lumière qui n'est pas de cette terre.

– Une lumière du ciel? s'enquit Alençon les sourcils levés.

– Du ciel, parfaitement. Si Jeanne n'est ni une fille, ni un garçon, c'est clair, n'est-ce pas, c'est qu'elle est un ange.

Ils firent silence pour regarder Jeanne qui souriait, debout, les bras en croix, sur la croupe du cheval lancé au grand galop. Et elle semblait planer en effet sur des ailes invisibles au-dessus de la bête qui martelait rageusement la terre de ses quatre fers.

On a beaucoup déparlé sur les premières années de Gilles, commettant l'erreur commune de projeter l'avenir dans le passé. Sachant comment il a fini, on a voulu qu'il ait été un enfant vicieux, un adolescent pervers, un jeune homme cruel. On s'est complu à imaginer tous les signes précurseurs annonçant les crimes de la maturité. En l'absence de tout document, il est permis de prendre le contre-pied de cette tradition du « monstre-naissant ». Nous admettrons donc que Gilles de Rais, avant cette rencontre fatidique de Chinon, avait été un brave garçon de son temps, ni pire ni meilleur qu'un autre, d'une intelligence médiocre, mais profondément croyant − à une époque où il était courant d'avoir un commerce quotidien avec Dieu, Jésus, la Vierge et les saints − et voué en somme au destin d'un hobereau d'une province particulièrement fruste.

Il était né en novembre 1404 dans la Tour Noire de la forteresse de Champtocé, au bord de la Loire. Le maître des lieux, son grand-père maternel Jean de Craon, menait ses affaires avec une âpreté et une absence de scrupules qui faisaient merveille en ces temps de violence. Gilles a onze ans quand il perd la même année son père et sa mère. Craon déchire le testament de son gendre pour s'attribuer la tutelle de Gilles et l'administration de sa fortune. Son idée fixe va être d'allier l'enfant à l'une des plus grosses fortunes de la région. A treize ans, Gilles se voit ainsi fiancé à Jeanne Peynel, une orpheline de quatre ans qui est aussi l'une des plus riches héritiéres de Normandie. Pour en arriver là, il a fallu que Craon paie les dettes de son tuteur. Mais le Parlement de Paris fait opposition : il faudra attendre la majorité de la fillette. Deux ans plus tard, nouvel échec d'une combinaison encore plus fructueuse puisqu'il s'agissait de la propre nièce de Jean V, duc de Bretagne. Enfin Gilles a seize ans quand son grand-père frappe un grand coup avec succès cette fois. La proie s'appelle Catherine de Thouars, et ses biens en Poitou jouxtent très heureusement la baronnie de Rais. Il y a peu d'espoir que le père accepte cette union — au demeurant incestueuse, car les jeunes gens sont cousins —

mais il fait présentement la guerre en Champagne. Fin novembre 1420, Craon organise l'enlèvement à main armée de la fiancée par son prétendant. Gilles s'amuse de cette expédition, plus ridicule que dangereuse, et de ses suites romanesques : mariage secret, hors des paroisses respectives des époux, vaines menaces de l'évêque d'Angers, intervention en cour de Rome, amende, pardon, bénédiction nuptiale solennelle en l'église Saint-Maurille-de-Chalonnes.

Mais Gilles s'aperçoit vite qu'il n'a rien à attendre de cette grosse fille paresseuse et obèse, inutilisable à la chasse et aux tournois, qui a peur des armes, des chevaux, du gibier, de tout. Il mettra neuf ans à lui faire un enfant, et l'oubliera au château de Pouzauges. A Chinon, il découvre en Jeanne l'opposée en tous points de Catherine. Il trouve en la Pucelle l'enivrante et dangereuse fusion de la sainteté et de la guerre.

Car la survenue de Jeanne à la cour du Dauphin, cela signifie la reprise de la guerre.

A Poitiers, elle a répondu d'un cœur pur aux questions des théologiens. *Finalement il fut conclu par les clercs qu'il n'y avait en elle rien de mal ni rien de contraire à la foi catholique, et qu'étant donné la nécessité dans laquelle étaient le roi et le royaume, puisque le roi et les habitants qui lui étaient fidèles étaient alors au désespoir et ne pouvaient espérer d'aide d'aucune sorte si elle ne leur venait de Dieu, que le roi pouvait bien s'aider d'elle.* Ainsi l'écrit Jean Barbin, avocat au Parlement.

Elle a donc carte blanche, et elle commence par envoyer un message aux Anglais : qu'ils repassent la Manche et retournent d'où ils viennent, sinon il leur en cuira. C'est la première fois qu'elle se manifeste directement à eux. Ainsi donc se confirment les vagues rumeurs qui couraient sur une sorcière qui aurait charmé le pseudo-roi de Bourges. Damn the witch!

Tout le monde se transporte à Tours où c'est le branle-bas de combat. Le Dauphin réunit une armée. On confectionne à Jeanne une armure blanche et un étendard sur lequel est peinte l'image du Sauveur assis dans les nuées du ciel et bénissant une fleur de lys que lui présente un ange. Ses voix lui ont indiqué comme sienne une antique épée, enterrée à l'insu de tous derrière l'autel de l'église Sainte-Catherine-de-Fierbois. On dépêche un homme à Fierbois. Il fouille et exhume l'épée, rouillée, mais en excellent état.

Dans tout cet affairement où se mêlent la politique, les préparatifs d'une campagne militaire et le merveilleux chrétien, Gilles mène le jeu en féal expert et diligent. C'est un homme et c'est un professionnel. Il suit Jeanne comme le corps obéit à l'âme, comme elle-même obéit à ses « voix ». Ils en parlent certains soirs quand le couvre-feu a fait silence dans le camp et qu'ils se retrouvent en tête à tête. Gilles — comme Jeanne, comme la plupart des hommes et des femmes de ce temps — vit aux confins du naturel et du surnaturel. Mais son expérience et sa pente personnelle lui montrent davantage de démons et d'esprits malfaisants que de saints et d'anges gardiens.

— Je crois comme toi, lui dit-il une nuit, que nous vivons environnés d'anges et de saints. Je crois aussi qu'il ne manque jamais de diables et de fées malignes qui veulent nous faire trébucher sur le chemin du mal. Mais toi, Jeanne, je t'ai ouï dire qu'ils te parlaient et que toute ta conduite s'inspirait de voix surnaturelles que tu entendais.

— Pour ce qui est des diables et des fées malignes, répond-elle, je n'en ai guère rencontré à ce jour. Mais qui sait ce que l'avenir me réserve!

Élevé dans l'ombre humide d'une forteresse, Gilles imagine difficilement son enfance campagnarde offerte à tous les météores.

— Mais dans les taillis et les cavernes chevelues de racines qui se creusent aux flancs des talus, insiste-t-il, tu sais bien, toi qui as gardé les bêtes, tu sais qu'il y a des nains et des lémures jeteurs de sort.

Jeanne se souvient en effet.

— Assez proche de la ville de Domrémy où je suis née, il y a un arbre qu'on appelle l'Arbre des Dames. C'est un grand hêtre plusieurs fois centenaire. Au printemps, il est beau comme un lys, et ses rameaux descendent jusqu'à terre. Certains l'appellent l'Arbre des Fées. Il abrite une fontaine. Les malades qui ont la fièvre boivent l'eau de cette fontaine et retrouvent la santé. Au mois de Marie, les filles et les garçons de Domrémy garnissent les branches de l'Arbre des Dames avec des guirlandes. Ils étendent une nappe au bord de la fontaine et mangent ensemble. Ensuite ils jouent et dansent. Cela, je l'ai fait avec mes compagnes, mais je n'ai jamais vu ni entendu de nains ni autre créature du Diable.

Tant de douce candeur éblouit Gilles, mais ne parvient pas à le convaincre.

— Et pourtant le Diable et sa cour existent. Je les sens parfois qui me frôlent et murmurent à mes oreilles des choses obscures que je ne comprends pas et que je tremble de comprendre un jour. Toi aussi, tu entends des voix.

— Oui, la première fois, j'avais treize ans. Et vint une voix environ l'heure de midi, au temps de l'été, dans le jardin de mon père. J'ai entendu la voix qui venait du côté de l'église. D'abord j'ai eu très peur. Mais ensuite j'ai reconnu que c'était la voix d'un ange, et singulièrement celle de saint Michel. Il m'a dit que sainte Catherine et sainte Marguerite viendraient à moi et que j'obéisse à leurs conseils et que je croie que c'était de par Dieu qu'elles me commanderaient.

— Quels sont les ordres et les conseils que t'ont donnés ces voix?

— Avant toute chose, elles me disaient d'être une bonne enfant, et que Dieu m'aiderait. Ensuite elles me disaient la grande pitié qui était au royaume de France, et que je devrais venir au secours de mon roi.

— De ces visions, en as-tu dit un mot à ton curé?

— Non, mais au seul Robert de Baudricourt, capitaine de la ville de Vaucouleurs, et aussi à mon roi. Mes voix ne m'ont pas obligée à tenir cela caché, mais je craignais beaucoup de révéler mes projets par crainte des Bourguignons, et aussi par crainte de mon père qui m'aurait empêchée de faire mon voyage.

— Comment as-tu quitté Domrémy sans donner l'éveil?

— Je suis allée chez mon oncle Durand Laxart, notable de Durey-le-Petit, sis à une

20

courte lieue de Vaucouleurs. Je lui ai dit que je voulais aller en France auprès du Dauphin pour le faire couronner, puisqu'il a été écrit que la France serait perdue par une femme [1] et sauvée par une vierge. C'est Durand qui m'a conduite au sire de Baudricourt.

— Et qu'a dit le capitaine Baudricourt à ton oncle Durand?

— Ce Robert a dit à mon oncle qu'il me ramène à la maison de mon père après m'avoir bien giflée.

— Ce qui fut fait.

— Ce qui fut fait. Mais six mois plus tard, j'y étais à nouveau, et cette fois Baudricourt s'est laissé convaincre. Et les gens de Vaucouleurs m'ont donné des habits de garçon que je n'ai plus quittés depuis. Et ils m'ont acheté un cheval pour le prix de douze francs.

— Et tes voix cependant?

— Elles ne me laissaient pas de répit, m'encourageant et m'exhortant.

Gilles, qui ne connaît de par son immense fortune que la violence et les manœuvres pour atteindre des buts souvent dérisoires, est stupéfait du spectacle de tant de faiblesse et de simplicité faisant plier devant elles toutes les résistances, tous les scepticismes dans un dessein grandiose.

— Ainsi, conclut-il, il y a l'Arbre des Fées

qui se tait, et il y a des voix du côté de l'église qui te conseillent. Jeanne, je crois que chacun de nous a ses voix. Des voix mauvaises et des voix bonnes. Je suis le petit taureau de Champtocé, né dans la Tour Noire de la forteresse. J'ai été élevé par mon grand-père, Jean de Craon, un grand seigneur, mais aussi un aventurier de sac et de corde. Les voix que j'ai entendues dans mon enfance et ma jeunesse ont toujours été celles du mal et du péché. Jeanne, tu n'es pas venue pour sauver seulement le dauphin Charles et son royaume. Sauve aussi le jeune seigneur Gilles de Rais! Fais-lui entendre ta voix. Jeanne, je ne veux plus te quitter. Jeanne, tu es une sainte, fais de moi un saint!

Et ce fut la guerre.

Le vendredi 29 avril 1429, Gilles et Jeanne entrent à Orléans, accueillis par une foule en délire « portant grand nombre de torches et faisant telle joie, comme s'ils avaient vu Dieu descendre parmi eux », écrit un témoin.

Le mercredi 11 mai, ils se rendent à Loches auprès du Dauphin afin de l'informer officiellement de la libération d'Orléans, et le convaincre d'aller à Reims se faire sacrer roi. Le samedi 18 juin, les Anglais sont écrasés à Patay, et leur chef, John de Talbot, fait prisonnier. Auxerre, Troyes et Châlons se rallient au Dauphin, et lui envoient des cortèges pour honorer son sacre.

La cathédrale Notre-Dame-de-Reims, c'est le berceau de la monarchie française. La Sainte Ampoule contenant une huile inépuisable est conservée en l'église Saint-Remy. En 496 en effet, Remy la reçut d'un oiseau descendu du ciel pour oindre Clovis, premier roi chrétien. Gilles de Rais a l'honneur d'aller la quérir selon un rituel millénaire[2]. La cérémonie a lieu le 17 juillet 1429. Ayant Jeanne à sa droite et Gilles à sa gauche, le futur roi s'agenouille sur les degrés de l'autel. Les douze pairs du royaume auraient dû l'entourer, mais il y a des absences, des trahisons. Le duc d'Alençon remplace notamment le duc de Bourgogne qui a pris le parti des Anglais. L'archevêque officie. Sire d'Albret tient l'épée. La Pucelle dresse sa bannière. Alençon fait le Dauphin chevalier en l'adoubant. L'archevêque oint et couronne le nouveau roi. Alors Jeanne se jette à ses pieds, embrasse ses genoux, et dit en pleurant : « Gentil roi, voici que la volonté de Dieu est faite qui voulait que tu ailles à Reims pour y recevoir la couronne, afin que tout le monde sache que tu es le seul vrai roi. »

Mais après cette apothéose, il n'y aura plus que retombée, déclin, défaite et horreur. Charles s'abandonne à son apathie naturelle, malgré l'accueil fervent du bon peuple partout où il passe, et les exhortations de Jeanne qui l'engage à marcher sur Paris. D'atermoiements en bavardages diplomatiques, on attend sep-

24

tembre pour attaquer enfin la capitale du royaume. Le 7 enfin douze mille Armagnacs, commandés par Gilles et Jeanne, avec charrettes et chariots de fagots et de fascines destinés à combler les fossés, s'attaquent aux portes Saint-Honoré et Saint-Denis. Jeanne somme les assiégés de se rendre.

— Rendez-vous vite à nous, de par Jésus, pour faire soumission au roi Charles!

Du haut des remparts, on lui répond par une giboulée de projectiles et des bordées d'injures.

— Paillarde, vachère, ribaude! Si les Armagnacs étaient des hommes, tu parlerais moins de ta pucellerie!

On franchit le premier fossé qui est à sec. Le second est énorme : cinquante pieds remplis par les hautes eaux de la Seine. Jeanne est la première sur la berge. Elle s'avance dans l'eau en sondant le fond avec la hampe de son étendard pour trouver le meilleur lieu de passage. On y fera basculer les chariots s'il le faut. Les pontonniers s'affairent sous une pluie de flèches et de carreaux. Soudain le porte-étendard de Jeanne a le pied percé par un vireton d'arbalète. Il lève la visière de son casque et se penche vers sa blessure. C'est alors qu'il reçoit un second trait en plein front, et s'écroule en avant. Jeanne ramasse son étendard, mais elle est touchée à son tour au-dessus du genou. Le sire de Gaucourt l'entraîne malgré elle. Elle proteste de toutes ses forces.

— Il fallait aller outre et passer les fossés! Paris était à nous.

Gaucourt lui représente qu'Alençon et Clermont ont été chassés du marché aux pourceaux d'où ils dominaient la situation. Elle-même doit se faire panser. Le soleil décline. Demain on reprendra le combat.

— Demain, toujours demain! Voilà des mois qu'on attend demain. Mais moi je sais que je dois faire vite. Mes jours sont comptés. Je durerai un an, guère plus.

Étendue sur un lit de sangle dans sa tente, elle n'a pas un regard pour sa jambe blessée, pour la vilaine plaie dont le sang coule sur son genou. Elle plaint encore cette journée perdue.

— La retraite quand tout pouvait être gagné! La ville était prise.

Des mires et des chirurgiens envahissent la tente pour la soigner. Elle les repousse avec colère.

— Allez! Allez-vous-en tous! Je n'ai besoin pour guérir ni d'onguents, ni de graisse de marmotte, ni de thériaque. Dieu et ses saints pourvoiront à ma blessure.

Les médecins ont reflué hors de la tente. Un homme pourtant est resté, assis sur un haut tambour de lansquenet. C'est Gilles. Il y a un long silence. Finalement il parle.

— Tu es encore dans la fièvre du combat, dit-il. Tu ne sens pas ta blessure. Dans une heure tu auras recouvré ton sang-froid. Alors tu commenceras à souffrir. Tu vas souffrir toute la nuit.

— Je souffrirai si Dieu le veut. Il n'est de joie ni de souffrance que de Dieu. Que fais-tu ici?

Gilles la regarde en souriant vaguement.

— Je te regarde. Je me chauffe le cœur de ta présence.

— Me prends-tu pour un brasier?

— Il y a un feu en toi. Je le crois de Dieu, mais il est peut-être d'enfer. Le bien et le mal sont toujours proches l'un de l'autre. De toutes les créatures, Lucifer était la plus semblable à Dieu.

— Je te trouve bien théologien pour un chevalier en guerre. Tes compagnons prétendent que tu n'as pas plus de cervelle qu'un taureau de deux ans.

— C'est vrai. Je n'ai jamais eu plus d'une idée en tête. Je ne suis ni savant ni philosophe, et c'est à grand-peine que je lis et écris. Mais depuis ta survenue à Chinon, le 25 février de cette année, cette unique pensée que peut contenir ma pauvre tête s'appelle Jeanne.

Jeanne le regarde soudain avec méfiance.

– Ne t'avise pas de me courtiser, jeune taureau. Jeanne n'est pas de celles que les soudards basculent au revers d'un fossé!

Gilles s'est levé et vient se mettre à genoux devant elle.

– Ne crains rien, Jeanne. Je t'aime pour ce que tu es. La Pucelle d'Orléans. La fille-garçon qui a sauvé la France et fait sacrer le roi. Le gentil compagnon d'armes qui a chargé l'ennemi botte à botte avec moi à Patay. Hein! Comme nous les avons culbutés, les godons!

Jeanne ne peut s'empêcher de sourire à ce souvenir.

– Mais je t'aime surtout pour cette pureté qui est en toi et que rien ne peut ternir.

Baissant la tête, il aperçoit sa blessure.

– Accepteras-tu le seul baiser que je te demande?

Il s'incline et appuie longuement ses lèvres sur la plaie de Jeanne.

Il se redresse ensuite et passe sa langue sur ses lèvres.

– J'ai communié de ton sang. Je suis lié à toi pour toujours. Je te suivrai désormais où que tu ailles. Au ciel comme en enfer!

Jeanne se secoue et se lève.

– Avant d'aller au ciel ou en enfer, je veux moi aller à Paris!

Comme pour lui répondre, un officier fait irruption dans la tente.

– Par ordre du roi, j'ai à vous mander que la retraite est sonnée. La suite du roi a quitté les hauteurs de Montmartre pour gagner Saint-Denis. Demain elle se repliera vers les bords de la Loire.

Jeanne ne veut pas croire ce qu'elle entend.

– Au petit jour, nous pouvons tenter un assaut en aval de l'île Saint-Denis par le pont de bateaux. Montmorency a des intelligences dans la place. Nous offrirons sa capitale au roi de France sur un plateau!

Mais ce sont des rêves. L'officier doit avouer à Jeanne que dans deux heures le pont de bateaux n'existera plus. On démonte l'ouvrage sur ordre du roi.

Jeanne se tait accablée. Mais depuis six mois, elle connaît son souverain, ses reculades, ses petites trahisons qui en s'accumulant ressemblent de plus en plus à une trahison pure et simple.

– Mon Dieu, soupire-t-elle, pourquoi Charles est-il si farouchement obstiné à regagner ses petites chambrettes!

Ces nouvelles désastreuses, Gilles les a à

peine entendues, lui. Ce n'est ni Paris, ni la gloire du roi de France qui lui importe.

— Je te suivrai partout, Jeanne, répète-t-il, au ciel et en enfer!

Et c'est l'automne, et c'est l'hiver. Jeanne qui sait qu'elle n'a qu'une année devant elle – guère plus – se morfond en cette cour rêveuse et futile. On la sépare d'Alençon, envoyé en Normandie. Gilles disparaît mystérieusement. Jeanne suit la cour, d'un château l'autre, à Bourges, Sully, Montfaucon-en-Berry. Pour tromper sa faim d'action, elle met le siège devant Saint-Pierre-le-Moutiers – et c'est un succès – puis devant La Charité-sur-Loire – et c'est l'échec. Le roi la cajole. Il la dote, l'anoblit, octroie l'exemption des impôts aux habitants de Greux et de Domrémy. Enfin, c'est le drame de Compiègne.

Elle s'est rendue en cette ville le 23 mai 1430 avec trois à quatre cents combattants pour tenir tête au duc de Bourgogne qui se prépare à l'attaquer. Le 24 au matin, on lui dit qu'une forte escarmouche a lieu devant la ville. Jeanne se jette dans la mêlée et donne la chasse à un détachement de Bourguignons en fuite. Elle n'écoute pas ses gens qui la supplient de ne pas s'aventurer plus avant en terrain ennemi. Quand elle fait enfin demi-tour, il est trop tard. La retraite est coupée. Elle se bat avec acharnement pour se frayer un passage jusqu'au pont-levis. Le capitaine de la place, Guillaume de Flavy, voyant le nombre des Bourguignons et des Anglais qui approchent, donne l'ordre de relever le pont et de fermer la porte. Un archer saisit Jeanne par son mantelet de drap d'or et la fait tomber de cheval. La belle aventure est terminée. Elle aura duré moins de dix-huit mois. Commence une passion de larmes, de boue et de sang qui s'achève le mercredi 30 mai 1431 sur le bûcher de Rouen.

Gilles cependant s'est retiré dans ses terres vendéennes. Il se soucie comme d'une guigne du bâton de maréchal de France que lui a offert le roi en reconnaissance de ses services. Ce n'est ni la guerre ni la politique qui l'intéressent. C'est le seul cours d'une aventure personnelle et mystique qui a commencé le jour de sa rencontre avec Jeanne. Or depuis l'échec devant Paris, il semble qu'a pris fin l'état de grâce où vivait Jeanne et qu'elle lui avait fait partager. Tribulation redoutable, car il a partie liée avec elle, et il la suivra jusqu'en enfer s'il le faut. En attendant, il berce sa mélancolie en faisant comme le roi, comme la plupart des seigneurs de ce temps : il chemine en grand arroi de forteresse en résidence. Les paysans et les bûcherons ébahis regardent passer ce somptueux cortège d'officiers et de prélats que suit un train de chariots imposant. Non, ce n'est pas une expédition guerrière. C'est seulement le seigneur de Rais, sa suite et son intendance qui se transportent de Champtocé à Machecoul et de Tiffauges à Pouzauges. Si vastes sont les possessions du sire de Rais et si nombreuses ses résidences qu'il pourrait à coup sûr opérer très longtemps ces déménagements sans revenir au même endroit.

Mais un jour ces déambulations s'arrêtent. Une image transportée de bouche à oreille de Compiègne en Vendée est venue s'imposer au cerveau fiévreux de Gilles : Jeanne arrachée de son cheval par un archer cramponné à son mantelet de soie. Jeanne par terre sur laquelle se rue la piétaille bourguignonne.

Gilles ne peut plus rester hors du jeu. Où se trouve présentement la cour de France? A Sully-sur-Loire dont le château appartient à Georges de La Trémouille, en grande faveur auprès de Charles, mais qui a toujours pris ombrage de la gloire de Jeanne. Gilles s'y précipite et demande d'abord audience à Yolande d'Aragon, belle-mère du roi. C'est une grande dame. Elle traite avec une familiarité enjouée ce maréchal de France qui se permet de préférer la solitude de ses landes aux intrigues de la cour. Elle minaude.

— Seigneur de Rais! Quelle surprise! Voilà plus d'un an que vous avez disparu. On parlait de vous ici même hier soir. On vous imaginait terré dans l'une de vos forêts, comme un sanglier. Qu'avez-vous donc fait tout ce temps? Qu'est-ce qui vous fait sortir de votre trou?

— Madame, répond Gilles, ce qui me fait sortir de mon trou, ce sont les mauvaises nouvelles qui me parviennent concernant Jeanne.

Nous y voilà, pense Yolande. Toujours solidaires, ces deux mal dégrossis!

— Pauvre petite Jeanne! s'exclame-t-elle.

— On lui fait un mauvais procès à Rouen et tout est machiné pour la perdre.

— Quel malheur que cette expédition à Compiègne! se lamente la belle-mère du roi. Mais vous savez, Jeanne l'avait entreprise sans ordre de Charles, avec des hommes qu'elle avait recrutés elle-même. Charles ne voulait plus lui confier de commandement. Vous comprenez, maréchal de Rais, une bergère qui obéit à des voix célestes!

– C'est pourtant à l'appel de ces voix qu'elle a délivré Orléans et fait sacrer Charles à Reims, rappelle Gilles décidément dépourvu de tact.

– Sans doute, sans doute, mais on ne fonde pas une politique sur des miracles. Jeanne a échoué devant Paris. A force d'écouter ses voix, elle n'entendait ni conseil ni ordre. Vous vous souvenez, elle a dit qu'il fallait aller vite à l'ouvrage, car elle ne durerait pas au-delà d'une année. Eh bien, l'année est révolue!

– Madame, quand Charles a été sacré à Reims, Jeanne se tenait debout à sa droite. J'étais à sa gauche. Maintenant Jeanne est prisonnière des Anglais qui veulent la faire mourir. Je suis venu demander au roi ce qu'il entend faire pour la sauver.

Yolande est très contrariée. Décidément les chefs de guerre sont bien encombrants en temps de paix! Celui-ci ferait mieux de ne plus quitter ses forêts vendéennes.

– Charles est très occupé, murmure-t-elle. Je crains que vous ne soyez déçu...

Il insiste lourdement.

– J'ai de l'argent, des hommes, des chevaux. J'ai surtout la volonté de sauver Jeanne.

Yolande soupire d'ennui.

– Jeanne s'est condamnée elle-même. Vous aurez fort à faire!

La scène suivante nous le montre auprès du

roi. Il a trouvé un argument juridique qu'il juge apparemment sans réplique.

– Sire, Jeanne est jugée par Pierre Cauchon, évêque de Beauvais. L'évêque de Beauvais dépend de l'archevêque de Reims, monseigneur Regnault, votre conseiller. Il faut que monseigneur Regnault en vertu de son privilège exige de son subordonné Cauchon communication des pièces du procès.

Geste évasif de Charles qui regarde par la fenêtre en caressant une levrette blanche.

Gilles désespéré descend les escaliers du château. Il se retrouve dans la cour. On lui amène son cheval. Il va l'enfourcher quand survient un vieux soldat tout aussi solitaire. Gilles le regarde. Son visage s'éclaire. C'est La Hire, son ancien camarade. Ils s'étreignent.

– Où va mon maréchal? demande La Hire.

– Ton maréchal retourne s'enterrer chez lui, répond Gilles. Ici il n'y a personne, tu m'entends, personne!

– Personne?

– Personne pour m'aider à arracher Jeanne aux Anglais. J'ai plaidé sa cause auprès de la reine mère, auprès du roi : oreilles bouchées, regards distraits, bouches menteuses. Personne!

– Personne? Et moi, alors?

– Toi?

– Moi, mon maréchal! Allons-y ensemble.

Jeanne ne sera pas surprise de voir arriver son compagnon Gilles et son vieux La Hire. Enfin, vous voilà! elle va dire. Je vous attendais. Vous vous êtes amusés en route, peut-être?

Gilles entraîne son compagnon vers une table d'auberge.

– Non, nous n'allons pas nous amuser en route, dit-il. Les godons tiennent toute la Normandie. Nous ne pouvons les attaquer de front. Il va falloir ruser. S'infiltrer dans leurs lignes avec une poignée d'hommes d'élite.

La Hire propose deux compagnies de vétérans. En décembre 1429, il a lui-même repris Louviers aux Anglais. La place est restée française, et il y est connu, aimé. Ce sera leur point de départ pour un coup de force sur Rouen.

Le printemps 1431 a été l'un des plus froids et des plus humides notés par la chronique. La petite troupe de Rais et de La Hire chemine dans une campagne désolée par la guerre et l'occupation étrangère. Ce ne sont que maisons effondrées, cadavres de chevaux, vols de corbeaux. Parfois il faut se cacher pour laisser passer un détachement anglais. Quand l'ennemi n'est pas trop nombreux, on l'attaque, mais alors il y a des pertes et elles sont irréparables. Malgré quelques coups heureux, les hommes de Rais et de La Hire sont décimés. Cependant les défenses de Rouen se révèlent formidables. Il faut se disperser, agir sous le couvert de déguisements. Gilles parvient à s'introduire dans la ville avec un seul compagnon. Il ne pouvait plus tarder : le bruit court que Jeanne condamnée au bûcher va être sacrifiée dans la semaine. Blessé et loqueteux, Gilles n'a guère à s'accoutrer pour passer pour un vagabond. Perdu dans la foule, il assiste, le cœur crevé de haine et de chagrin aux préparatifs du supplice. Il déchiffre, au sommet du poteau planté sur le bûcher, un écriteau énumérant les seize chefs d'accusation retenus contre Jeanne : *Jeanne qui s'est fait nommer la Pucelle, menteuse, pernicieuse, trompeuse du peuple, devineresse, superstitieuse, blasphématrice de Dieu, présomptueuse, mécréante en la foi, fanfaronne, idolâtre, cruelle, dissolue, invocatrice des diables, apostate, schismatique, hérétique.* Par dérision, on l'a coiffée d'une mitre de carton qui lui tombe sur la figure. Le bûcher est trop haut pour que, dans les premières fumées, le bourreau puisse l'étrangler comme il a coutume de le faire par pitié chrétienne. Jeanne devra donc endurer des tourments inhumains jusqu'à la fin. Dès que les premières flammes l'atteignent, elle crie *Jésus! Jésus! Jésus!* et ce cri ne cessera plus jusqu'au dernier soupir, modulé par la souffrance et l'agonie. A la fin, le bailli ordonne au bourreau de dégager le corps pour que nul n'en ignore. Et l'on voit suspendu au poteau dans des tourbillons de fumée, une pauvre charogne à demi calcinée, une tête chauve avec un œil éclaté qui s'incline sur un torse boursouflé, tandis qu'une affreuse odeur de chair carbonisée flotte sur la ville.

Gilles s'enfuit hagard. Il dévale des ruelles, franchit des murs, saute des fossés, trébuche dans des champs. Il tombe, se relève, se déchire le visage dans des ronciers, patauge dans des fondrières, court encore, et sans cesse retentit dans sa tête la litanie diabolique des chefs d'accusation prononcés contre Jeanne avec l'accompagnement du cri de la suppliciée *Jésus! Jésus! Jésus...*

Il tombe, le visage enfoncé dans la terre noire. Il gît là, comme mort, jusqu'aux lueurs de l'aube. Alors il se relève. Mais quiconque aurait vu son visage aurait compris que quelque chose s'était transformé en lui, un visage menteur, pernicieux, blasphémateur, dissolu, invocateur des diables. Mais ce n'est rien encore. Vaincu, brisé, il va se terrer trois années dans ses forteresses vendéennes. Il va devenir chenille dans son cocon. Puis la métamorphose maligne accomplie, il en sortira, et c'est un ange infernal qui déploiera ses ailes.

La mort de Jean de Craon, grand-père et tuteur de Gilles, survenue à Champtocé le 15 novembre 1432, le met à la tête d'une immense fortune et lui laisse le champ libre. Les relations entre le vieillard et l'enfant étaient complexes, car si le vieux forban avait longtemps voulu voir un disciple trop timide dans son héritier, il découvrit peu à peu quelle pâle figure il faisait lui-même en regard des abîmes que hantait habituellement l'âme du jeune homme. Il ne renonça pas cependant à vouloir le sermonner une dernière fois avec l'autorité que confère un lit d'agonie.

— Il faut que tu m'écoutes à cette heure, lui dit-il, car je vais partir.

— Je vous ai écouté pendant toute mon enfance et toute ma jeunesse, répondit Gilles, je ne suis pas sûr que vous ayez été toujours de bon conseil pour moi.

– Ne sois pas ingrat. J'ai travaillé avec acharnement à ma propre fortune, c'est vrai.

– ... avec acharnement, violence, perfidie et sans le moindre scrupule, ajoute Gilles.

– ... à ma propre fortune, poursuit Craon sans se laisser troubler. Mais comme tu es mon unique héritier, cette fortune est aussi la tienne. Tu es très riche, mon petit-fils. Après ma mort tu vas l'être immensément. Tu vas être maître de Blaison, Chemillé, La Mothe-Achard, Ambrières, Saint-Aubin-de-Fosse-Louvain, seigneuries qui te viennent de ton père. A ta mère, tu devras celles de Briollay, Champtocé, Ingrandes, La Bénate, Le Loroux-Botereau, Sénéché, Bourgneuf et La Voulte. Enfin grâce au mariage que je t'ai fait contracter avec l'héritière des Thouars, tu as Tiffauges, Pouzauges, Chabanais, Gonfolenc, Savenay, Lambert, Gretz-sur-Maine et Châteaumorant. En vérité mon petit-fils tu es l'un des seigneurs les plus opulents de ton époque.

Gilles n'avait pas écouté cette fastidieuse énumération.

– Vous savez bien que je n'ai pas le sens de ces choses, dit-il.

– Tu sais dépenser mieux que personne. Mais c'est dans l'ordre, n'est-ce pas? Les petits-fils dilapident ce que les grands-pères ont accumulé.

— Vous semblez oublier, rappela Gilles, que j'ai eu un autre maître que vous, une autre maîtresse, je ne sais comment dire.

Craon savait parfaitement au contraire.

— Cette fille-garçon, dite La Pucelle, qui fut condamnée par l'Église et brûlée l'an dernier à Rouen? Tu as toujours eu des fréquentations déplorables!

A l'énumération du grand-père et de ses biens, Gilles préférait les litanies de Jeanne bifrons.

— Jeanne la sainte, Jeanne la chaste, Jeanne la victorieuse sous l'étendard de saint Michel! Jeanne, le monstre en forme de femme, condamnée au feu pour sorcellerie, hérésie, schismatisme, changement de sexe, blasphème et apostasie, récita-t-il.

— Te voilà étrangement suspendu entre le ciel et l'enfer. Combien je préférerais avoir pour héritier un brave soudard buveur, violeur et borné comme un cochon!

— J'ai juré de la suivre où qu'elle aille, au ciel ou en enfer.

— Et elle a fini sur le bûcher des sorcières! Tu me fais peur, mon petit-fils. Dieu te garde des excès de la sainteté. Quant à moi, on peut me reprocher d'avoir bâti ma fortune sans trop de délicatesse, je n'ai jamais tué personne sans que mon intérêt l'exige absolument. Tan-

dis que ceux qui tuent pour des motifs
désintéressés! Pourquoi s'arrêteraient-ils? La
rapacité est mille fois moins meurtrière que
le fanatisme. Ainsi donc ma rapacité va mettre
d'immenses moyens au service de ton fanatisme. Je me demande en tremblant ce qu'il
va en faire!

La réponse à cette question, les manants de la seigneurie de Machecoul-en-Rais furent les premiers à la connaître. Gilles y fonda une collégiale dédiée aux Saints Innocents. Rien ne lui parut trop beau ni trop cher pour honorer ces petits garçons tués sur l'ordre du roi Hérode. Quatre-vingts personnes – doyen, chantres, archidiacres, vicaires, écolâtres, trésoriers, coadjuteurs – magnifiquement entretenus se consacraient à leur mémoire. Les ornements et le trésor de la collégiale rivalisaient avec ceux d'une cathédrale. Les cérémonies et les processions à travers la campagne étalaient une pompe qui médusait les témoins. L'or, la pourpre, le menu-vair, la soie, la dentelle, le brocart faisaient un écrin digne des monstrances, ciboires, chandeliers et crosses brandis au-dessus des têtes. Les chanoines portaient la capa magna, les chantres coiffaient la mitre, et les chevaux eux-mêmes s'avançaient en encensant du col, caparaçonnés comme des prélats.

Mais c'était surtout à la chorale que le maître des lieux attachait le plus de prix. A la fois par goût personnel et parce que rien n'était plus propre que des chanteurs impubères à honorer les angelots issus du massacre de Bethléem, Gilles ne se lassait pas de recruter et d'examiner sous l'angle de la voix et du reste les jeunes chantres de sa collégiale. Il ne suffisait pas qu'ils eussent une voix divine en effet, il fallait encore que, divins, ils le fussent également par le visage et par le corps. Quant aux chants qu'on leur faisait apprendre, Gilles n'en attendait qu'une chose : qu'ils lui brisassent le cœur. N'était-ce pas le moindre, s'agissant d'évoquer les grands massacres des garçons nés en même temps que Jésus?

Ce n'était pas tout. A un artisan-peintre en renom, il avait commandé de couvrir les murs de la chapelle d'une vaste fresque figurant cet épisode sanglant de l'évangile de Matthieu. L'artiste n'avait reculé devant aucun détail, et son évocation était d'autant plus saisissante que, selon une tradition consacrée en ce temps, il avait habillé les personnages comme l'étaient les hommes, les soldats, les femmes et les enfants de son temps, et les avait placés dans un village qui était en principe Bethléem, mais où chacun pouvait reconnaître les maisons de la commune de Machecoul. Ainsi les manants qui s'aventuraient dans la chapelle pouvaient-ils croire se reconnaître sur ses murs, eux-mêmes, mais aussi les soldats du château, voire leur seigneur Rais sous les traits du cruel roi des Juifs. Et les chœurs désespérés des petits chanteurs aux visages d'anges touchaient Gilles d'autant plus intimement qu'il voyait ces enfants se détacher sur un spectacle d'horreur et de tuerie. Bouleversé d'émotion, il sanglotait, la tête appuyée contre un pilier, en gémissant à voix basse : « Pitié, pitié, pitié! »

Or cette compassion qu'il ressentait devint si brûlante, qu'il en conçut des scrupules et s'en ouvrit un jour à son confesseur, le révérend père Eustache Blanchet.

— Mon père, lui dit-il, la pitié est-elle un sentiment chrétien?

Blanchet avait une âme sans détour et croyait sincèrement qu'à toutes les questions de foi et de morale, il existe une réponse simple et évidente.

— Sans doute, sans doute, mon fils, la pitié n'est-elle pas la sœur de la miséricorde et donc la cousine de la charité?

Gilles sécha ses larmes et réfléchit un moment.

— Sœur de la miséricorde et cousine de la

charité peut-être, mais tout de même, c'est un sentiment bien à part. Ce qui me trouble dans la pitié que j'éprouve, c'est...

Blanchet vola au secours de son fils spirituel qui paraissait au bord d'un aveu difficile à formuler.

— N'hésitez pas, mon enfant, ouvrez tout grand votre cœur à votre confesseur, comme à votre Sainte Mère l'Église.

— Ce qui me trouble, oui, dans la pitié, c'est l'immense volupté que j'y trouve.

Du coup Blanchet sentit qu'il commençait à perdre pied.

— Immense volupté? Expliquez-vous, mon fils!

— J'ai pitié de ces petits qu'on égorge. Je pleure sur leurs tendres corps pantelants. Et en même temps, je ressens un tel plaisir! C'est si émouvant, un enfant qui souffre! C'est si beau un petit corps ensanglanté, soulevé par les soupirs et les râles de l'agonie!

Et Blanchet ne sut vraiment que répondre, quand Gilles l'agrippant par le bras, penché vers lui comme pour lui souffler un secret, lui demanda :

— Mon père, cette pitié-là est-elle de Dieu ou du Diable?

Ambiguë, et parfois jusqu'au vertige, est la condition du confesseur! Il n'est que le truchement de Dieu en face du pénitent. L'oreille qu'il tend à ses aveux, à ses révélations n'est pas humaine. Aussi bien le devoir de secret absolu auquel il est tenu – et qu'aucune pression ni séduction, aucune menace ni promesse, aucune torture ne peut rompre – découle de cette situation équivoque. Dès qu'il est sorti du confessionnal, dès qu'il a déposé son étole, le confesseur redevient un homme, un pauvre homme comme les autres. Non seulement il ne peut divulguer ce qu'il vient d'entendre, mais a-t-il même le droit de s'en souvenir dans son commerce avec ses pénitents redevenus des compagnons ordinaires, des subordonnés, des maîtres? Et pourtant, pourtant... son oreille de chair a entendu et se souvient!

Gilles avait fait à Eustache Blanchet des aveux qui, rapprochés de certaines rumeurs entendues ou de certaines scènes entrevues, auraient pu éclairer le confesseur. Mais Blanchet se refusait à mêler ce qu'il avait entendu en confession à ce que la vie profane lui apportait dans son flot impur. Et puis la vérité qu'il sentait rôder autour de lui était si terrible, elle aurait exigé de lui des décisions si bouleversantes qu'il préférait aussi longtemps que possible – mais pour combien de jours encore? – se replier frileusement sur son ministère d'aumonier et de chapelain.

Tout avait commencé avec ces petits chanteurs qu'il fallait recruter et examiner pour la manécanterie de la collégiale. Peu à peu Gilles avait pris tant de goût à cette sorte de prospection qu'il la poursuivait au-delà des besoins de la collégiale, au-delà de toute mesure, allant jusqu'à renoncer aux plaisirs de la chasse – qui tenaient jadis tant de place dans sa vie – pour ne plus courir que ce gibier-là, si particulier et si délicieux. Et comme il était puissant, et puissamment servi, il avait eu vite autour de lui une poignée de rabatteurs et d'hommes de main qui sillonnaient les bois et les campagnes. Des récits fantastiques couraient de bouche à oreille. Des scènes noires et cruelles s'inscrivaient avec force de légende dans l'imagerie populaire.

On se montrait par exemple sur fond de

ciel orageux la silhouette sombre d'un cavalier galopant à travers plaines et forêts. Il traverse un hameau : les habitants se sauvent et s'enferment. Une femme court précipitamment après un gosse, le saisit et l'emporte dans sa maison. Le cavalier est enveloppé dans un grand manteau qui flotte autour du cheval. Il passe à grand bruit de sabots le pont-levis du château. Il se tient maintenant debout, immobile, jambes écartées au seuil de la salle d'armes. On entend la voix du seigneur.

– Alors?

Le cavalier ouvre son manteau. Un enfant est agrippé à lui. Il tombe à terre, cherche à se relever gauchement.

– Bravo! dit la voix.

Ou alors, le seigneur et sa suite traversent lentement à cheval un misérable hameau. Des paysans ébahis les regardent passer. On leur jette une poignée de piécettes qu'ils se battent pour ramasser. Certains viennent baiser la main ou le pied de Gilles. La troupe passe à côté d'un groupe d'enfants qui jouent dans la poussière. Gilles les observe passionnément en retenant son cheval. Il fait signe à son valet Poitou. Du bout de son fouet, il lui désigne l'un des enfants.

– Celui-là!

Poitou se trompe.

– Le blond qui tient la balle?

Gilles s'impatiente.

– Mais non, imbécile, le roux qui ne fait rien!

Le lendemain, on voit un cavalier qui donne de l'argent à des artisans. Le petit roux est là avec son baluchon, tout heureux de partir. On aide l'enfant à monter en croupe. Le cheval part au galop. La mère se signe en pleurant. Le père recompte l'argent.

On parlait aussi d'une sorte de sorcière. Elle s'appelait Perrine Martin, mais on l'avait surnommée La Meffraye (celle qui fait peur). Passant dans un village, elle attirait un enfant, comme un petit animal, avec une brioche ou un morceau de lard jusque dans un lieu désert. Là des hommes en embuscade se jetaient sur lui, le ficelaient, le bâillonnaient et l'emportaient dans un sac.

Il y avait eu encore celui qui ne voulait pas être pris et qui avait de bonnes jambes. Ses parents l'ayant vendu aux hommes de Gilles, il a fui la maison paternelle. On le cherche vainement. Gilles exaspéré par la déception se lance à sa poursuite avec une meute de chiens. Quelle ivresse de renouer avec ces plaisirs de jadis, mais cette fois pour courre une proie humaine! Il y a d'ailleurs, comme dans une traque classique, débûcher, rabat, forlonge, va-l'eau et finalement abois au pied d'un hêtre dans les branches duquel l'enfant s'est juché.

La plus terrible de ces histoires qui se colportaient à mi-voix devait plus tard entrer dans le trésor des contes de fées français.

Cela débute dans la chaumière misérable d'une famille de bûcheron. A l'intérieur grouillent sept enfants, dont trois paires de jumeaux et un petit dernier, si chétif qu'on l'appelle Poucet. Les parents ont la face bestiale que donne la pauvreté à ceux qui ne sont pas des saints. Un ventre proéminent soulève le tablier crasseux de la femme. Le mari lui flatte la bedaine en ricanant.

— Pour tant que je te connais, toi, c'est core une paire de marmots que tu vas nous faire!

La femme se débarrasse de lui d'une secousse.

— Alors avec ceux-là, ça va faire neuf. Et toi tu causes comme si que tu y étais pour rien.

Il a un ricanement de mâle satisfait.

— Toi, si peu qu'on te touche, ça y est, c'est core parti pour des bessons.

— Oui, mais faudrait voir ensuite à les nourrir, rappelle la femme.

— I sont grands. I n'ont qu'à se débrouiller.

— Poucet a tout juste six ans.

53

– Le bon Dieu qui nous les envoie n'a qu'à en prendre soin. Ou alors qu'il vienne les chercher!

– Laisse le bon Dieu, veux-tu!

Peu après, toute la famille part faire la cueillette dans les bois. Des animaux petits et grands soudain figés par l'alerte les observent à travers les taillis et les frondaisons. On fait des tours et des détours. Rassemblement dans une petite clairière. Avec des grognements de patois forestier, le père distribue des petits paniers, plus quelques taloches à ceux qui se déclarent déjà fatigués. Puis on se disperse pour ramasser des champignons et des myrtilles. Quand le dernier a disparu, l'homme fait un signe à la mère qui répond par un geste de protestation. Il la prend d'autorité par le bras et l'entraîne. Plus tard les enfants se retrouvent dans la clairière. Ils sont épuisés et affamés. Des cris d'animaux – chouettes, renards, loups – les environnent et les épouvantent. Ils forment un groupe lamentable au pied d'un arbre énorme. Le plus courageux est Poucet. Il regarde autour de lui pour trouver une issue.

– Je vais monter dans l'arbre, dit-il enfin. Aidez-moi. De là-haut je verrai peut-être une lumière.

Ses frères l'aident à grimper. Il a bientôt

une vision crépusculaire de la forêt qui moutonne à l'infini. Pourtant très loin à l'horizon, il aperçoit la silhouette noire et massive d'une forteresse. Une fenêtre rougeoie. C'est le château de Tiffauges. Poucet dégringole parmi ses frères.

— Nous sommes sauvés, annonce-t-il, il y a là-bas un grand château illuminé. On y va!

Le groupe s'enfonce dans la forêt conduit par Poucet. Bientôt ils arrivent à l'entrée du château. Ils frappent à une poterne. La porte s'ouvre comme par magie. Ils entrent à la queue leu leu. La porte se referme sur eux.

A quelque temps de là, Blanchet se trouva incommodé jusqu'au fond de son prieuré par une odeur de chair carbonisée qui infestait l'atmosphère. Il sortit et vit qu'un torrent de fumée noire, vomi par la plus grosse cheminée du château, était rabattu sur les dépendances par un vent d'est assez rare en cette région. Cette puanteur de charogne calcinée concrétisait si précisément ses angoisses qu'il décida d'aller trouver Gilles et d'exiger sans plus tarder des explications. Il le chercha longtemps dans les salles et les pièces du château. Il dut monter jusqu'à une petite terrasse qui se trouvait à proximité justement de la cheminée incriminée. Gilles se tenait là, et il ressemblait dans son exaltation effrayante à un homme possédé par une obsession ténébreuse.

Dès qu'il aperçut Blanchet, il se précipita sur lui et lui posa les mains sur les épaules.

— Mon père, mon père, cette odeur? Qu'est-ce que c'est que cette odeur? lui demanda-t-il en le secouant. Ça ne vous rappelle rien à vous, bien sûr. Vous n'étiez pas à Rouen, vous. Mais dites-moi, est-ce une odeur de fagot ou une odeur de sainteté?

Puis il ferma les yeux et se mit à répéter d'une voix de plus en plus altérée qui se brisa dans un sanglot :

– Jésus! Jésus! Jésus! Jésus!

Le lendemain Blanchet prenait la route avec trois mules que menait un serviteur. Il avait accepté avec soulagement une mission que lui avait confiée Gilles après une nuit de délire. On disait merveille de ce qui se passait très loin dans le sud, en Toscane précisément. Des savants, des artistes, des philosophes auraient réussi à réunir leurs forces et leurs lumières pour créer un nouvel âge d'or qui se répandrait bientôt sur l'humanité. Qu'il aille donc sur place s'enquérir de ces nouveautés! Peut-être ramènerait-il en Vendée un enseignement, un objet, voire même un homme propres à arracher le seigneur de Rais à ses noires chimères?

L'ancien petit séminariste de Saint-Malo fut ébloui et scandalisé par le spectacle de la Toscane en ce milieu du quattrocento. Sans doute il avait une certaine expérience de la richesse. Le sire de Rais, qu'il servait comme aumônier depuis quatre ans, était l'un des plus opulents seigneurs du royaume de France. Mais le pays vendéen étalait une pauvreté d'autant plus criante que de toute évidence son seigneur le pressurait sans vergogne pour alimenter son train d'enfer. Tout autre était l'aspect de Florence en cette année 1439. Là, c'était la foule qui paraissait riche, le peuple même qui semblait jongler avec les florins. L'or roulait dans toutes les rues. Ce qui ébahissait surtout Blanchet, c'était que les artisans ne travaillaient visiblement que pour le luxe et la beauté. Il cherchait en vain de modestes fripiers, il ne trouvait que tailleurs s'affairant autour de vêtements princiers. Les forgerons ne battaient ni le fer ni l'acier, mais ostensiblement l'argent et l'or. Les charpentiers n'assemblaient que des coupoles de palais. Et il n'était pas jusqu'aux boulangers qui n'exposaient à l'étal ni pain, ni galette, mais seulement des gâteaux à la crème et au miel. Se pouvait-il donc que tous ces gens – et jusqu'aux plus gueux – fussent riches sans exception?

Son air étranger et son effarement évident attiraient cependant l'attention d'une faune peu recommandable de tire-laine et de vauriens qui n'attendaient que l'occasion de le dépouiller. Elle se présenta au moment où Blanchet ne connaissant pas la ville se fourvoya dans une ruelle qui se terminait en cul-de-sac. Il fit demi-tour et voulut rebrousser chemin. Trois personnages de mauvaise mine barraient la rue et l'apostrophaient dans un dialecte indéchiffrable. Blanchet voulut comprendre qu'on lui reprochait véhémentement de s'être introduit dans ces lieux. Il commença à s'excuser dans sa langue, mais les trois larrons l'entouraient, et le serrant de près, commencèrent à le fouiller. Blanchet ne savait à quel saint se vouer. S'il appelait à l'aide, ses voleurs ne feraient-ils pas le nécessaire pour le réduire au silence? Il demeurait donc figé de peur, quand un ordre retentit, et les six mains crasseuses et crochues qui le dépouillaient s'envolèrent comme une nuée de pies. Un inconnu fort élégamment mis, accompagné de deux valets armés, se tenait debout, jambes écartées et bras croisés à l'entrée de l'impasse. Il y eut encore quelques phrases en bas toscan, et les tire-laine qui harcelaient Blanchet disparurent dans la nuit. L'inconnu s'approcha.

— Merci, mon seigneur, balbutia Blanchet, vous m'avez sauvé la vie. Je suis l'abbé Eustache Blanchet.

— Vous êtes français, constata l'inconnu. Je m'appelle Francesco Prelati. Vous m'appellerez François Prélat pour vous servir. Les voyous qui vous importunaient ne sont que de très minces gredins. Trop petits pour tuer. Ils n'en avaient qu'à votre argent. A moins que votre costume leur ait fait espérer des reliques. Il n'y a pas amateur de reliques comme cette menue racaille. Avez-vous soupé? enchaîna-t-il sans transition. Sinon, je vous invite cordialement sur la bourse que j'ai eu la bonne fortune de vous conserver.

Et sans attendre de réponse, il entraîna Blanchet, encore éberlué par tout ce qui lui arrivait. Comme il parlait sans discontinuer, l'abbé en sut rapidement assez long sur lui. Il avait vingt ans et était originaire de Monte

Catini, dans le diocèse de Lucques. Clerc, il avait reçu la tonsure de l'évêque d'Arezzo, et, à Florence, étudiait la poésie, la géomancie et l'alchimie. Il appartenait pour l'heure à la maison de l'évêque de Mondovi, connaissait Florence comme sa poche, et savait l'art et la manière d'apprivoiser la faune peu recommandable qui hante ses bas quartiers. L'abbé venait d'en faire l'expérience. Quelques minutes plus tard, ils dégustaient ensemble dans une trattoria un fin souper sur le pécule rescapé de Blanchet, comme en avait décidé sans cérémonie le jeune clerc. Lorsqu'il eut payé, il caressa amoureusement la bourse du père, et dit avec un grand rire :

— Ne la risquez plus à la légère dans les impasses de la ville. Voyez comme nous en avons besoin!

D'où Blanchet en conclut qu'il n'avait pas un liard, et il s'étonna en lui-même qu'un jeune homme si bien mis et suivi de deux valets parût aussi démuni.

Ils se quittèrent pour se retrouver dès le lendemain. Les jours suivants les revirent ensemble. Prélat s'était fait le guide et le protecteur du naïf Français, lequel tomba peu à peu complètement entre ses mains. Prélat lui révélait les splendeurs et les mystères de cette ville qui n'était alors qu'un vaste chantier de palais et d'églises en construction où se croisaient des architectes, des peintres et des sculpteurs.

L'ère des Médicis venait de s'ouvrir avec le retour triomphal de Côme, exilé à Venise. Or qu'étaient les Médicis? Avant tout des hommes d'argent, des banquiers, experts en trafics divers, prêts à intérêt et lettres de change. Sous leur impulsion la Toscane devait connaître une ère de prospérité sans précédent. Blanchet eut même le bonheur d'assister à des cérémonies dont la splendeur éblouit toute l'Europe. Le 6 juillet se réunit sous la présidence de Côme un concile œcuménique auquel participèrent le pape Eugène IV, l'empereur romain d'Orient, Jean VIII Paléologue, et Joseph, patriarche de Constantinople. Ces trois princes spirituels et temporels, chargés d'or, d'encens et de myrrhe, formèrent dans les rues de la ville jusqu'au Dôme un cortège d'un éclat incomparable qui évoqua dans l'esprit du peuple la cavalcade des rois mages se rendant à Bethléem. C'est de là que date la vénération particulière de Florence pour les rois mages, illustrée par les œuvres de Benozzo Gozzoli et Fra Angelico.

— Or que signifie l'épisode des rois mages dans l'évangile de Matthieu? commentait Prélat. Notez qu'à l'opposé des bergers qui déposent devant la crèche du lait, du pain, de la laine – dons modestes et utiles – les rois mages avec la myrrhe, l'encens et l'or offrent à l'Enfant-Dieu des biens d'une valeur très supérieure, mais inutiles et qui relèvent du luxe le plus gratuit.

Et comme Blanchet esquissait un geste de protestation, il se hâta d'ajouter :

– D'ailleurs Jésus n'aura garde d'oublier plus tard la valeur de cette splendeur superflue. Rappelez-vous : dans la maison de Simon-le-lépreux, Marie-Madeleine oint sa tête avec un parfum de très grand prix. Les apôtres se scandalisent de cette prodigalité, mais Jésus les reprend sévèrement. Cet hommage serait-il donc trop coûteux pour le Fils de Dieu?

Et emporté par l'évidence de cet enseignement, Prélat poursuivait avec feu :

– Ayez de l'or, de l'or et encore de l'or, et tout le reste vous sera donné de surcroît, le génie et le talent, la beauté et la noblesse, la gloire et la volupté, et même, incroyable paradoxe, le désintéressement, la générosité, la charité!

– Eh là, eh là! protestait Blanchet suffoqué.

– Et puis la science, mon bon père, la science qui ouvre toutes les portes, tous les coffres, tous les coffres-forts...

– Je suis ébloui par tout ce que je vois, mais pourquoi voulez-vous de surcroît m'abasourdir par vos propos extravagants? La pauvreté n'est pas vice, que diable!

– La pauvreté est la mère de tous les vices.

– Prélat, mon ami, vous blasphémez!

– Si je vous enfermais dans une cage avec un lion, préféreriez-vous qu'il fût repu ou affamé?

– Il serait plus prudent, je pense, qu'il fût repu, concéda Blanchet.

– Eh bien les hommes sont comme les lions, comme toutes les bêtes, comme tous les êtres vivants. La faim les rend féroces. Et qu'est-ce que la pauvreté, sinon une faim généralisée?

– Et que faites-vous du sacrifice, du dévouement, de l'abnégation?

– Je leur accorde la place que méritent ces vertus : infime!

– Infime?

– Infime, oui. Prenez mille bourgeois gras et bien nourris, tous enclins à la bienveillance à l'égard les uns des autres. Enfermez-les dans une caverne sans nourriture ni boisson. Affamez-les! Ils vont se métamorphoser. Oh si vous avez de la chance, vous verrez apparaître un saint dont l'esprit s'élèvera au-dessus de l'horrible condition de son corps, et qui se sacrifiera à ses compagnons. Un sur mille, avec de la chance. Quant aux neuf cent quatre-vingt-dix-neuf autres...

– Oui, les neuf cent quatre-vingt-dix-neuf autres?

– Ces braves bourgeois réjouis et bienveillants seront devenus d'épouvantables gredins, capables de tout, vous m'entendez mon père, de tout pour satisfaire leur faim et leur soif!

– A vous entendre, on croirait que vous avez fait l'expérience.

– En temps de guerre, de famine et d'épidémie, croyez-vous donc que ce soit une expérience difficile à faire?

– Et surtout on dirait que cette vérité affreuse vous réjouit.

– Non, mon père, elle ne me réjouit pas. Mais voyez-vous, nous avons, nous autres Florentins, découvert le remède de ce chancre purulent : l'or. Contre les plaies morales de l'humanité, la panacée, c'est la richesse. L'ange du bien, s'il apparaissait sur terre pour guérir toutes les plaies de l'âme et du corps, savez-vous ce qu'il ferait? Ce serait un ange alchimiste, et il fabriquerait de l'or!

Était-ce parce que la population était incomparablement plus dense en cette province qu'en Bretagne ou en Vendée? Il semblait à Blanchet qu'il n'avait vu nulle part autant de cimetières, de charniers et de gibets. La Toscane était belle, et opulente la cité de Florence, mais la mort vous guettait derrière chaque arbre, à chaque tournant du chemin. De sa vie, Blanchet n'avait rencontré malades plus repoussants et suppliciés plus savamment mutilés. Fallait-il croire que ce cortège de charognes mortes ou vives devait accompagner nécessairement, comme leur ombre, les merveilleuses inventions jaillies du renouveau toscan?

Prélat dissertait élégamment sur ce thème.

— Je m'étonne, père Blanchet, qu'une vérité aussi profonde ait attendu la Toscane pour se présenter à votre esprit. Qu'apprend-on aux séminaristes de Saint-Malo? Oui, la mort est l'envers de la vie, et on ne peut refuser l'une sans refuser l'autre. Voyez-vous, les philosophes, les savants, les artistes de l'Antiquité avaient la grave faiblesse de se détourner de la mort. Ils ne voulaient connaître que la vie. Les statues grecques sont irréprochables du point de vue anatomique. Il ne leur manque pas un muscle et chaque os est à sa place. Mais les sculpteurs grecs ne connaissaient que l'observation du corps vivant. Jamais on n'a ouvert un cadavre ni à Athènes, ni à Rome pour voir ce qu'il y a dedans, comment il est fait, comment ça marche.

– Les Grecs sculptaient des dieux, des déesses, des héros et des monstres mythologiques, fit observer Blanchet.

– Justement! Éternels, les dieux ne sont pas vivants. Ils ne possèdent pas cette moitié d'ombre, la promesse de sa mort, qui accompagne tout homme dès sa naissance, et qui lui donne son épaisseur. Mais vous chrétiens? Jésus est mort en croix. Son corps a été mis au tombeau. D'innombrables saints ont péri martyrisés. Pourquoi cette peur superstitieuse devant le cadavre humain, alors qu'il se trouve au centre même de votre culte?

– Jésus est ressuscité le troisième jour. Les saints martyrs sont élus à la vie éternelle. Qu'attendez-vous donc de ces cadavres sur lesquels vous vous penchez avec tant de passion? demanda Blanchet.

— Qu'ils nous livrent leur secret, le secret de la vie. Nos chirurgiens osent maintenant ouvrir les ventres et fouiller les entrailles. Les charniers, les salles de torture et les gibets trouvent enfin leur raison d'être. Il faut plonger, père Blanchet, il faut avoir le courage de plonger dans les ténèbres pour en rapporter la lumière.

Blanchet frissonna et détourna la tête.

— Vous me faites peur. Votre audace a quelque chose de diabolique.

Le mot n'était apparemment pas pour déplaire à Prélat.

— Diabolique? Pourquoi pas? Le Diable pourrait bien avoir lui aussi sa raison d'être. Vous me rappelez justement que Jésus est ressuscité. Mais moi je vous rappelle qu'il est d'abord descendu aux enfers et qu'il a séjourné trois jours parmi les morts.

— L'homme ne mesure pas son destin à celui du Christ! s'écria Blanchet.

— Et Jeanne? Que faites-vous de Jeanne?

— Elle est morte sur un bûcher.

— Peut-être afin de reparaître parmi nous transfigurée quand le jour sera venu, murmura mystérieusement Prélat.

Il y avait foule dans la cour du palais Médicis quand Prélat et Blanchet y entrèrent à leur tour. C'est qu'on venait d'y placer la dernière œuvre de Donatello, le sculpteur le plus célèbre de ce temps, et les amateurs d'art, les élèves des académies et une quantité de simples curieux entouraient et commentaient la statue fraîchement démoulée. Il s'agissait d'un David en bronze, le David enfant dont la fragilité et la faiblesse viennent miraculeusement de vaincre le géant philistin Goliath. Prélat avait fait lentement le tour de la statue et regardait maintenant Blanchet qui gonflait ses joues en haussant les épaules.

– C'est donc cela, l'art moderne? grognait-il. Non, vraiment, je ne vois pas ce qui... ce que... non vraiment...

– Vous ne voyez pas cette grâce un peu précieuse? lui demanda Prélat avec une intensité où se mêlaient l'admiration pour l'œuvre d'art et l'irritation envers le béotien. Vous ne voyez pas cette attitude délicieusement maniérée, provocante, ce déhanchement que justifie le pied gauche posé sur l'énorme tête coupée de Goliath? Et ces deux bras grêles, comme les anses fragiles d'un vase, la main droite tenant l'épée, la gauche une pierre? Et cet accoutrement étrange, ce casque couronné de laurier et ces jambières montant jusqu'aux genoux, le reste du corps exposé nu? Mais l'art moderne est ailleurs, voyez-vous. Il est dans la présence presque exorbitante de la réalité anatomique de ce corps. L'enfant a les yeux baissés. Il n'est pas sûr qu'il regarde son propre nombril. Du moins son visage ombragé par le bord du casque contribue-t-il à rabattre l'attention des spectateurs vers son nombril. Ce qui est privilégié jusqu'à l'exhibition dans cette statue, c'est la poitrine aux pectoraux enfantins mais bien dessinés, l'échancrure arrondie du thorax, le petit ventre bombé, projeté en avant, le sexe puéril logé dans la tendresse des cuisses. Oui, il y a comme une ostentation souriante de tout ce corps sensuel et gai. Jamais encore la chair n'avait été présente à ce point dans le bronze.

— C'est extraordinaire, murmura Blanchet. Vous parlez de cette œuvre à la fois en amoureux et en professeur d'anatomie. On se demande alors où est l'amateur d'art.

— Mais c'est exactement le chiffre de l'art nouveau, mon bon père! s'écria Prélat en l'entraînant hors de la cour du palais Médicis. Oui, nous avons aboli la distance qu'exige nécessairement la contemplation artistique. Que reste-t-il dès lors? Il reste : amour plus anatomie. Nous autres Toscans, nous ne sommes plus ni peintres, ni sculpteurs. Nous sommes des amoureux, des amants... pour qui le squelette existe. Et pas seulement le squelette : les muscles, les viscères, les entrailles, les glandes.

Et tourné vers Blanchet, il lui cria au visage avec un rire effrayant :

— Et le sang, mon bon père, le sang!

Mais tandis que Prélat expliquait l'Italie renaissante à Blanchet, celui-ci évoquait les sombres et pluvieuses forêts de Vendée et l'humeur ténébreuse aux sautes brutales et imprévisibles de son maître Gilles de Rais.

– Les heures les plus exaltantes de sa vie, il les a connues aux côtés de Jeanne la Pucelle, racontait-il. Un an, ils ont chevauché et combattu botte à botte. Ce sont eux qui ont libéré Orléans, écrasé les Anglais à Patay, et fait sacrer le roi Charles à Reims. Et puis le malheur a frappé. Jeanne blessée devant Paris. Jeanne prisonnière devant le pont-levis relevé de Compiègne. Jeanne condamnée par l'Église. Jeanne brûlée vive comme sorcière. Depuis, Gilles de Rais se livre avec une frénésie effrayante à tous les excès. Il s'entoure d'un faste extravagant. Il mange comme un loup. Il boit comme un âne. Il se souille comme un cochon, ajouta-t-il d'une voix basse, presque imperceptible. Je voudrais l'arracher à cette bauge de désespoir où il se vautre, la tête contre un mur. Je cherche... Je cherche quelqu'un qui lui redonnerait le sens... Comment dire? Le sens vertical... la dimension transcendante qu'il a perdue en perdant Jeanne.

Prélat l'écoutait avec une attention passionnée en supputant le rôle qu'il pourrait peut-être jouer dans ce destin.

— Vous dites que tout le mal a commencé pour lui quand il a perdu Jeanne la Pucelle? demanda-t-il.

— Oui, mais en vérité, il l'a perdue deux fois. A Compiègne le 23 mai quand elle a été faite prisonnière. Et à Rouen, un an plus tard, le 31 mai, sur le bûcher des sorcières. Ah cette folle expédition à Rouen! J'ai tout fait pour l'en détourner. Il n'avait pas une chance, non pas une seule de libérer Jeanne. Quand il est revenu, il n'était pas vaincu. C'était pire. C'est à peine si je l'ai reconnu. On aurait dit que toute l'horreur du supplice de Jeanne s'était imprimée sur son visage. Il n'avait plus figure humaine.

Prélat dissimulait sous un masque de désinvolture la joie et la curiosité féroces que le récit de Blanchet lui inspirait.

— Plus figure humaine, dites-vous? Comme c'est intéressant! Figure... figure comment alors?

– Je vous l'ai dit : figure bestiale. Quelque chose de farouche et de sauvage sur les traits, un masque de loup-garou. Et avec cela, on pouvait prétendre en même temps qu'il n'avait pas changé, qu'il avait conservé son ancien visage.

– Expliquez-vous.

– Sa chair n'avait pas changé. Il ne portait aucune trace de blessure ni de mutilation. On ne pouvait même pas prétendre qu'il eût vieilli. Non, c'était son âme. Ce qui le défigurait, c'était le reflet de son âme sur ses traits. Un visage endeuillé.

– C'est la mort de Jeanne qui l'a désespéré?

– Désespéré? Oui, sans doute. Désespéré, mais pas attristé. C'est peut-être ce qu'il y a de pire. Gilles n'espère plus rien. C'est ce que je vous disais : plus d'issue, plus d'horizon, plus d'idéal dans sa vie. Mais ne croyez pas qu'il gémisse et qu'il pleure! Je voudrais bien qu'il gémisse! Je voudrais bien qu'il pleure! Hélas non, il rit, il rugit comme un fauve. Il se rue en avant, poussé par ses passions, comme un taureau furieux. C'est qu'il est fort, voyez-vous. Il est fort... Sa force. Il faudrait trouver un emploi à sa force, l'orienter, la relever, l'exalter! François Prélat, pouvez-vous faire cela?

Il se tournait ardemment vers son compagnon qui ne répondait alors que par un sourire énigmatique.

En vérité le pauvre Blanchet se débattait dans un réseau de contradictions qui le mettaient au supplice. A tout instant le spectacle de cette civilisation novatrice mais suspecte l'enchantait et l'effrayait, comme les propos de Prélat imposaient à son esprit des évidences inacceptables, découlant de raisonnements spécieux mais inattaquables. Il n'était pas jusqu'à des innovations purement artistiques – comme la perspective dans le dessin et la peinture – qui le remplissaient de surprise et d'angoisse. Il lui semblait que l'image plate, édifiante, sage de sa pieuse enfance se gonflait soudain d'une force magique, se creusait, se tordait, se précipitait hors de ses limites, comme possédée par un esprit malin. Debout devant des fresques ou penché sur des gravures, il croyait voir se creuser sous ses yeux une profondeur vertigineuse qui l'aspirait, un abîme imaginaire où il avait l'affreuse tentation de plonger, la tête la première. Prélat au contraire nageait comme un poisson dans l'élément nouveau sécrété par l'art, la science et la philosophie modernes.

– Crever la surface des choses pour y voir des fantômes s'agiter, disait-il. Devenir soi-même l'un de ces fantômes... Par la perspective, le dessin fuit vers l'horizon lointain, mais il s'avance aussi et emprisonne le spectateur. Vous comprenez maintenant, mon bon père? La porte s'ouvre sur l'infini, mais vous vous trouvez définitivement compromis. C'est ça la perspective!

Blanchet protestait.

– Prélat, vous me faites peur! On dirait que vous éprouvez un malin plaisir à m'épouvanter. Et je me demande si je n'assume pas une terrible responsabilité en vous ramenant à Tiffauges...

Mais il revenait inlassablement sur le malheur de son maître et la nécessité d'y remédier. Et aussitôt il ne voyait plus de ressource qu'en Prélat.

– Depuis le supplice de Jeanne, racontait-il, le maréchal paraît possédé par son fantôme. Je l'ai entendu la nuit errer dans les fossés du château en clamant son nom. Il cherche son visage sur tous les êtres jeunes qu'il rencontre. Cette quête hagarde a atteint son paroxysme à Orléans, le 8 mai 1435. Six ans plus tôt, la ville avait été délivrée des Anglais par Jeanne. Une grande fête voulue, organisée et défrayée par Gilles devait commémorer cet événement. Il fait écrire un *Mystère du siège d'Orléans* de vingt mille vers qui sera joué dans des décors sublimes par cinq cents acteurs.

Le roi Charles et toute la cour s'étaient déplacés pour ce spectacle. Gilles engloutit plus de cent mille écus d'or dans cette fête. Or ne croyez pas que cette folle entreprise fût justifiée par le goût du faste et le besoin d'ostentation! Ceux qui en jugèrent ainsi connaissaient bien mal Gilles. Non, ce n'était pas cela, c'était... bien pire.

Blanchet se tut un moment et, les yeux plissés, sembla scruter le souvenir du « Mystère » pour en trouver la clé.

— Oui, c'était pire, reprit-il, parce que c'était l'œuvre d'un esprit rendu malade par sa passion. Écoutez bien ceci, dit-il en prenant Prélat par le bras et en le fixant intensément. Cette fête énorme et ruineuse, ce n'était rien d'autre dans l'esprit de Gilles qu'un *leurre*. Un leurre au sens où les chasseurs l'entendent. Un somptueux sacrifice pour obliger — oui je dis bien *obliger* — l'âme errante de Jeanne à venir se réincarner dans le comédien chargé de jouer son rôle.

— Le comédien? s'étonna Prélat. Vous voulez dire sans doute la comédienne?

— Non, je dis bien : le comédien. Car c'était toujours à des adolescents que s'adressait Gilles. Oh, d'ailleurs, Jeanne ressemblait tellement à un garçon qu'on aurait certainement eu moins de chances d'approcher son personnage en convoquant des filles. Donc il recrutait des garçons. Ils se pressaient par centaines, attirés par l'énorme récompense promise à celui qui serait choisi. Chaque matin la même comédie affreuse se répétait. Gilles survenait au comble de l'exaltation. Sans doute s'était-il persuadé au cours de la nuit que le miracle était pour ce jour-là. Il parcourait comme un fou la bande d'adolescents souvent hirsutes et faméliques, parfois gracieux et raffinés qui attendaient. Quand un candidat était par trop éloigné de l'idéal recherché – on a vu des barbus, des éclopés, des idiots se mêler à la foule – Gilles pris de rage le battait et le chassait à coups de pied. Parfois il s'arrêtait, comme saisi par une vision, prenait un garçon aux épaules, le fixait un long moment, mais presque toujours, il le repoussait brutalement, déçu, avec un soupir sanglotant. A la fin, il fallut bien se décider. Gilles s'en alla, il s'enferma, ne voulant plus se mêler de rien. Tout cet immense effort avait été vain. Jeanne n'était pas venue. Elle n'animerait pas la fête prodigieuse donnée pour susciter sa présence. L'intendant choisit seul un comédien qui se tira d'affaire, ma foi, assez honorablement. Gilles ne le regarda même pas.

– Et donc Jeanne n'est pas venue, répéta Prélat.

— Si, justement, elle est venue, reprit vivement Blanchet. Du moins Gilles en fut-il un moment convaincu. Il s'agissait d'une jeune femme qui se prétendait la Pucelle, laquelle aurait échappé au bûcher. Or notez bien que Gilles était à Rouen le 30 mai 1431, et a vu de ses yeux le cadavre carbonisé de Jeanne attaché au poteau. Qu'importe! Son désir de voir Jeanne vivante est si impérieux qu'il passe outre à l'évidence. Cette femme au demeurant devait ressembler bien fort à la Pucelle, car elle fut reconnue comme telle par les propres frères de Jeanne, et couverte de présents par les bourgeois d'Orléans.

— Gilles n'avait cure des faits, poursuivit Prélat. Il cherchait un visage adoré. Il l'avait trouvé. Qu'importait le reste?

— Vous n'avez jamais vu le seigneur de Rais, s'étonna Blanchet, et vous avez déjà saisi son esprit d'après ce que je vous en ai dit. Que sera-ce quand vous le connaîtrez!

— Je crois avoir compris le cœur et l'âme du sire de Rais, admit Prélat. Mais continuez. Qu'advint-il de cette seconde Jeanne?

— Sans vergogne, elle se maria avec un sire des Armoises. Ils eurent des enfants. Nonobstant elle était bonne cavalière et savait manier l'épée. Gilles lui confia un détachement avec la mission de délivrer Le Mans, comme elle était censée avoir délivré Orléans. Mais auparavant, il fallait qu'elle aille recevoir confirmation de sa mission auprès du roi Charles. C'est là que tout s'est effondré. Habilement interrogée par Charles, elle se troubla et finit par avouer son imposture. Nouvelle et cinglante déception pour Gilles!

Ils devisaient ainsi en marchant sur les rives de l'Arno, dans les venelles de la vieille cité, sur les remparts dominant la campagne brûlée par l'été, et sans cesse se heurtaient le petit curé malouin arraché aux pieuses ténèbres de sa foi et le clerc défroqué, adorateur du soleil renaissant.

— Vos raisonnements ont beau asservir mon intelligence, disait Blanchet, mon sentiment reste libre, et il se révolte contre cette Toscane riche et cruelle, cette Florence débordante de merveilles et repoussante par ses maladies. Comme il me tarde de regagner le pays français avec sa foi naïve et ses mœurs brutales! Prélat répondait à ces protestations avec un grand rire de mépris.

— Parlez, parlez, père Blanchet. Vous savez bien que désormais plus rien ne sera pour vous comme avant votre voyage. Vous en avez trop vu, trop entendu. Le vieil homme gothique est mort. Un âge nouveau est né en vous. Que vous le vouliez ou non, vous avez mangé du fruit de la connaissance, et vous n'êtes pas près d'en oublier le goût. Et la preuve : vous vous débattez contre mes raisons, mais vous m'emmenez avec vous auprès du seigneur de Rais en pays vendéen!

— Je vous emmène parce que je ne peux pas faire autrement. Gilles de Rais a atteint les limites du désespoir. Il m'a dépêché en Toscane à la recherche d'un sauveur. Je n'ai trouvé que vous, et je garde l'espoir que vous pourrez lui venir en aide. Mais vous voyez comme je tremble. Il y a d'immenses clartés en vous, mais j'ignore s'il s'agit de la lumière du ciel ou des flammes de l'enfer.

C'était relancer Prélat sur l'un de ses thèmes favoris.

— Lumière du ciel et flammes de l'enfer sont plus proches qu'on ne pense. N'oubliez pas que Lucifer — le Porte-Lumière — était originellement le plus beau des anges. On en fait le Prince des ténèbres, le Mal absolu. C'est une erreur! L'homme, pétri de fange et animé par le souffle de Dieu, a besoin d'un intercesseur entre Dieu et lui. Comment voulez-vous qu'il entre directement en rapport avec Dieu? Il a besoin d'un intercesseur, oui, et qui soit son complice dans tout le mal qu'il pense et qu'il fait, mais qui possède aussi ses entrées dans le ciel. Voilà pourquoi l'homme éprouve le besoin de consulter des sorcières, de faire intervenir des mages, de convoquer Belzébuth à des rendez-vous magiques.

— C'est donc cela votre science moderne qui se nourrit de sang et d'ordure! C'est la part du diable qu'on réserve, comme on fait la part du feu. Toute science n'est pas bonne, Prélat!

— Si! Toute science est bonne! L'ignorance, c'est le mal, purement et simplement.

— Il y a des secrets si majestueux que leur dévoilement anéantirait le malheureux emporté par sa curiosité.

— Le savoir donne le pouvoir. L'esprit, s'il a la force de découvrir une vérité possède aussi la force de maîtriser cette vérité.

— Il y a des pouvoirs qui dépassent les capacités de l'être humain. Le pouvoir excessif rend fou. Qu'est-ce qu'un tyran? C'est un souverain que son pouvoir a rendu fou.

— Parce que ce souverain était un ignorant. A chaque degré de pouvoir doit répondre un certain degré de connaissance. Ce qui est redoutable en effet, c'est un pouvoir illimité commandé par un esprit borné. Il n'est pas de violence ni de crime qu'il ne faille craindre

83

de mains vigoureuses au service d'une tête faible.

Cette image assombrit soudain Blanchet qui murmura d'une voix sourde :

— Des mains trop puissantes, une tête trop faible... Vous venez de tracer un terrible portrait de mon maître Gilles de Rais. Car ce géant, ce maître de vingt forteresses, ce maréchal de France a le cœur d'un petit enfant. Je le vois bien quand il le dépose, ce cœur, sur mes genoux en me suppliant de lui pardonner ses crimes.

Ce dernier mot avait fait tressaillir Prélat.

— Ses crimes? Diable! Comme vous y allez, mon bon père!

Blanchet eut le sentiment d'en avoir trop dit.

— Je parlais de crimes... par métaphore. Vous ne pensez tout de même pas que je vais trahir le secret de la confession!

Mais Prélat n'était pas homme à lâcher ce beau mot rutilant.

— Qui parle de trahir le secret de la confession? dit-il gaiement. Eh bien, puisque crimes il y a, nous les traiterons par la lumière! Nous verrons bien ce que fera le grouillement des serpents gothiques chauffé par un rayon du soleil de Florence.

Ils partirent enfin. De l'interminable che-
vauchée qui les mena en une centaine de
jours de Florence en Vendée, Prélat ne conserva
que le souvenir d'une immense et angoissante
forêt. Ce citadin ne connaissait d'arbres que
les oliveraies clairsemées des collines toscanes.
En abordant la forêt gauloise, il lui sembla
plonger soudain dans un élément végétal et
humide où l'homme n'avait pas sa place, et
ce n'était certes pas l'apparition de rares
bûcherons au faciès noir troué de deux yeux
effarés qui eût été capable de dissiper l'op-
pression tombant des sous-bois sur les deux
voyageurs. Au demeurant Blanchet faisait tout
son possible pour ne rencontrer personne en
traversant des contrées infestées de bandits et
de troupes de soldats errants.

La silhouette massive et sombre de Tiffauges dressée soudain sur un ciel tourmenté
apporta enfin une dimension humaine à l'im-

mense moutonnement des frondaisons. Prélat devait bientôt apprendre que l'humanité où il vivrait désormais était à l'image du désert forestier environnant.

La rencontre eut lieu dans la salle d'honneur de la forteresse. Blanchet, qui n'avait jamais vu Jeanne, ne pouvait soupçonner que Prélat lui ressemblât de façon saisissante. A distance, Gilles se crut l'objet d'une hallucination. Le Florentin marchait vers lui, comme éclairé par une lumière qui lui donnait une netteté surréelle, tandis qu'un flou indistinct noyait les hommes qui l'entouraient.

— Jeanne, Jeanne, Jeanne! murmurait Gilles dans une extase heureuse.

Mais quand Prélat s'arrêta à trois pas de lui, il fallut bien que l'illusion cessât. Pourtant elle laissait en lui une rémanence émerveillée. Quel prodigieux bonheur que cette ressemblance, et comme elle était logique, naturelle, nécessaire!

— Sois le bienvenu à Tiffauges, Francesco Prelati, prononça-t-il. J'attends quelqu'un depuis de longues années. Je commençais à désespérer. Peut-être es-tu celui que j'attendais. L'avenir le dira très vite.

Prélat s'agenouilla pour baiser la main de Gilles. Celui-ci le releva.

— Ainsi donc tu viens de Florence, et tu as

86

parcouru six cents lieues pour parvenir jusqu'à moi. Comment t'a paru le pays vendéen?

— La Toscane semble fêter un printemps perpétuel, répondit Prélat. On dirait la Vendée plongée dans un éternel automne.

— Certes, admit Gilles, le sud jouit d'un climat plus aimable que nos confins océaniques.

— Je ne parle pas que du climat, précisa Prélat. Le printemps florentin, ce sont bien sûr des fenêtres ouvertes sur des buissons de fleurs. Mais ce sont aussi des yeux ouverts sur des spectacles jusqu'alors interdits. Des oreilles ouvertes sur des vérités encore inouïes.

— Si tu m'offres ces spectacles, ces révélations et ces vérités, alors je crois vraiment que tu es celui que j'attendais.

C'est alors que Blanchet s'interposant dit quelques mots à l'oreille de Gilles.

— Mon confesseur s'inquiète, dit Gilles. Il me conseille de te demander : ces révélations, à quel prix nous les feras-tu?

— Au prix qu'elles méritent, répliqua Prélat sans hésiter. Un prix infini!

Alors Gilles et lui éclatèrent de rire, et leur gaieté redoubla devant la mine consternée de Blanchet.

Était-ce en l'honneur des nouveaux arrivants ou parce qu'on était à la veille de la Saint-Gilles, ou simplement par l'effet d'un caprice du maître des lieux? Il y eut à Tiffauges ce soir-là une sorte de bal. Comme la musique provenait d'un ensemble imposant par le nombre, mais ne comportant que des cornemuses et des serpents, elle était intense, mais rustique et monotone. Les vins et les viandes ne cessaient de circuler, et il s'en faisait une grande consommation, de telle sorte que la société baignait dans une sorte d'ivresse joviale attisée par un feu d'enfer entretenu dans l'immense cheminée malgré la douceur de l'air. Le moins étrange de ce bal n'était certes pas l'absence de femme. Prélat savait que l'épouse et la fille du seigneur de Rais vivaient retirées à Pouzauges. Il n'en fut pas moins surpris par cette foule emportée dans une fête hagarde où il y avait certes de très jeunes garçons, mais

pas une fille. Il ne connaissait aucune des danses
– apparemment populaires – qui nouaient et
faisaient tournoyer les couples, mais il comprit
que la plupart supposaient cavaliers et cava-
lières, et le rôle de ces dernières était tenu sans
vergogne par des hommes – et nullement les
plus frais – qui paraissaient s'amuser fort de
cette momerie, et s'étaient attifés de rubans,
de faux cheveux et de traînes. Il observait
passionnément cette cour si différente de celle
qu'il avait laissée à Florence. Il en rayonnait
une impression de force et de grossièreté à la
fois séduisante et repoussante. A travers les
fumées, il voyait des mâchoires puissantes, mais
ébréchées, vociférer, rire et dévorer; des mains
couvertes de dentelles et de bijoux, mais grais-
seuses et tailladées, se refermer sur les viandes
ou sur d'autres mains; des regards ardents, mais
sans esprit, se poser sur lui avec une insistance
cruelle. Ces êtres étaient-ils tout à fait hommes,
ou n'étaient-ils pas tous plus ou moins mâtinés
d'ours, de loup ou de toute autre bête de la
forêt vendéenne? Les yeux de renards, les mufles
de sangliers, les barbes de blaireaux, les poi-
trines velues où s'accrochaient des chaînes d'or
et des croix pectorales, cent détails surprenants
– narines retroussées, oreilles pointues capables
de bouger, et ces glapissements, ces brames,
ces chuintements qui remplaçaient à mesure

que la nuit s'avançait les paroles et les rires — oui, tout évoquait dans ce bal la brutalité et l'innocence animale. Et il n'était pas jusqu'à l'odeur de sauvagine, que dégageait puissamment cette foule, qui rappelait la proximité d'étangs et de marécages fiévreux et grouillants de vie.

Le ciel pâlissait quand Prélat voulut se retirer dans les appartements qu'on lui avait donnés. Mais il ne connaissait pas les lieux, et, après avoir un peu erré, il se retrouva dans une vaste cuisine. C'était en plus rude encore le digne pendant de la salle de réception. Sur des tables basses s'amoncelaient des quartiers de viande, des carcasses de veaux, des chevreuils entiers, des pyramides de têtes de porcs. Une terrible matrone, ronde comme une tour avec un masque de Méduse, s'affairait au milieu des marmites et des broches, un grand coutelas à la main. Mais ce qui surprit le plus Prélat, ce fut les enfants, tout un grouillis de petits garçons loqueteux, à demi nus, d'une saleté farouche, mais musculeux et rieurs comme des putti, qui se bousculaient en bâfrant au milieu de toute cette boucherie étalée.

— Comment convertir à mes fins subtiles toute cette force brute? se demandait Prélat en s'étendant pour la première fois dans le lit monumental à baldaquin de sa chambre.

L'automne roussissait les hêtraies, noircissait les guérets éventrés par les charrues et lançait dans le ciel des nuées grises déchiquetées par le vent et la pluie. Gilles escorté d'une poignée d'hommes sillonnait le pays en compagnie de Prélat. Habitué au silence des sacristies, à l'ombre des cabarets et aux parfums des boudoirs, le Florentin découvrait les marais de Brière, les grèves océanes, l'île d'Yeu. Il suffoquait dans les rafales de l'équinoxe, et se sentait ivre de grandeur et de désolation dans ce pays où rien ne souriait au voyageur. Il apprenait que le Diable et le bon Dieu ne chuchotent pas seulement dans le silence des oratoires, mais que leurs voix formidables peuvent aussi souffler en tempête sur la face de la mer. Il y avait eu pour lui le temps du secret, de la larme et du soupir, mais voici que les marées de syzygie ouvraient l'âge des clameurs furieuses et des colères d'apocalypse.

Ce jour-là les cavaliers franchissaient avec effort un paysage de dunes semées de maigres pousses de genêts et d'ajoncs. Ils ne voyaient que les sabots de leurs chevaux qui faisaient crouler des pans de sable sec, mais l'air était rempli par le grondement lointain de l'océan. Ils se taisaient angoissés par cette présence invisible, abasourdis par la vaste clameur des flots, les lèvres salées par le souffle des embruns. Ainsi quand nous approchons de l'heure de notre mort, notre vie familière peut paraître inchangée, l'au-delà hurle à nos oreilles un chant profond qui tourne en dérision toutes nos petites préoccupations.

Ils arrivèrent enfin au sommet de la dernière dune, et découvrirent à leurs pieds une grève où galopaient des lambeaux de mousse et de varech, poursuivis par le vent et, plus loin, l'océan furieux, blanc d'écume. Il y eut un moment de contemplation muette qui figea le visage sombre de Gilles, la figure tourmentée de Prélat et la face apeurée de Blanchet. Chacun entendait à sa façon ce que disait la clameur océane. Pour François Prélat, c'était la révélation de la clé de cette terre désolée qu'il cherchait depuis son arrivée. Il se souvenait, comme d'autant de pressentiments confus, de ses premiers étonnements devant ces immenses futaies gauloises droites

comme des flammes, peuplées de rares char-
bonniers au masque noir, ces cuisines ardentes
et enfumées du château, et surtout cette
immense cheminée où brûlaient des troncs
entiers dans la salle de bal. Cela, c'était l'ou-
til, l'arme que le Florentin avait entre les
mains. Et à ses pieds, il voyait cette vaste
plaine liquide brassée par la tempête, ce pays
de lagunes et de marécages foulé par les
embruns, cette humanité vautrée et humiliée.
Le feu et l'eau. Pour arracher cette province
et ses hommes à leur horizontalité, l'alchimie
florentine leur envoyait le plus subtil de ses
boutefeux...

Il savait maintenant le sens de sa mission :
toucher d'une main ardente la plaie purulente
de ce pays pour l'obliger à se lever, à se mettre
debout, comme une vache prostrée se dresse
tout à coup au contact du fer rouge. Sauver
Gilles par le feu!

Blanchet ne se trompait donc pas complètement en pensant que Prélat influencerait son
maître dans le sens du sacré. C'était bien ainsi
que l'aventurier toscan concevait son rôle auprès
du hobereau vendéen. Mais il était bien loin
d'imaginer les voies terribles qu'emprunterait
ce salut. Gilles, assommé par le supplice de
Jeanne, se traînait sur le sol comme une bête.
Prélat le relèverait. Mais pour l'encourager

dans la vocation diabolique à laquelle Gilles se croyait appelé depuis la condamnation de Jeanne sous seize chefs d'accusation. Que Prélat ne songeât pas à détourner son maître de son destin criminel, c'est ce que montre une petite scène qui eut lieu un soir de novembre dans le bourg d'Elven.

Les deux cavaliers solitaires tranchaient par la richesse évidente de leur arroi sur les silhouettes faméliques qui rasaient les murs en cette heure crépusculaire. Un manant pourtant leur barra la route et les apostropha. Prélat se chargea de parlementer avec lui pour s'en débarrasser. Gilles passa outre, attiré par des exclamations enfantines, des rires et des chuchotements. Il poussa son cheval dans une ruelle obscure, s'arrêta indécis, repartit en entendant derechef des piaillements, puis un bruit de galopade.

Cependant Prélat, enfin libéré, cherche à le rejoindre. Lui aussi se laisse guider par les cris des enfants. Mais bientôt il n'entend plus rien. Pour n'être pas gêné par le bruit des sabots de son propre cheval, il met pied à terre et l'attache à une grille. Il débouche ainsi sur une placette où veille une statue si délabrée qu'on ne saurait dire s'il s'agit de la Vierge ou de Vénus.

Gilles est là, entouré par un groupe d'enfants loqueteux qui l'observent dans un silence de mort, le silence des oiseaux fixés par le serpent. Gilles tient, serré contre lui, un garçon de sept à huit ans. La main lourdement gantée du cavalier s'attarde sur ses cheveux, puis elle dégage ses vêtements et elle se referme sur le cou fragile.

C'est alors que retentit l'appel de Prélat.

– Seigneur Gilles!

Gilles a l'air d'un somnambule qu'on arrache à son rêve. Il regarde autour de lui avec égarement. Il lâche l'enfant qui aussitôt se fond dans le groupe des autres, et tous s'enfuient avec des hurlements dont on ne sait s'ils sont de triomphe ou de peur.

Les deux hommes se font face un instant. Puis Prélat prononce à mi-voix :

– Oui, je sais, j'ai tout compris...

Le visage de Gilles devient menaçant. Alors Prélat éclate de rire et, le prenant sans façon par le bras, il l'entraîne avec lui.

– J'ai tout compris, et je vous dis : bravo! Bravo, seigneur Gilles! Mais pas pour rien, je vous en supplie! Je veux dire : pas pour le bon plaisir. Enfin... pas seulement.

Ils rejoignent leurs chevaux et se mettent

en selle, et tandis qu'ils s'éloignent, on entend le discours décroissant de Prélat toujours disert.

— Cet homme qui nous a arrêtés tout à l'heure, savez-vous ce que c'était? Un prêtre... tout bonnement. Un prêtre interdit, maudit, pourchassé par l'Église. Eh oui, le pauvre, il aimait trop les femmes, l'alcool, le jeu, l'argent. Mais prêtre, il l'est et le restera pour l'éternité. Le pouvoir qui lui a été donné de consacrer des hosties ou de remettre les péchés ne peut lui être retiré. Alors il nous offrait ses services : invocations, possessions, messes noires. Cela peut toujours servir, ne pensez-vous pas?

Et tandis qu'ils s'enfoncent dans l'ombre, on entend encore des mots lourds et vagues :

— La mort... le sacrifice... il y a un au-delà radieux qui... la puissance et la gloire...

Dès lors le Florentin ne négligea rien pour convaincre son maître que seul un rideau de flammes le séparait du ciel, et qu'il appartenait à la science alchimique de le lui faire franchir.

– Le feu, lui disait-il, est le pire des tyrans, mais le meilleur des serviteurs. Il n'est que de savoir l'apprivoiser.

Pour l'apprivoiser, il établit un laboratoire d'alchimie dans une vaste mansarde du château. Il y avait certes une forge avec sa hotte, son soufflet, son enclume, une fonderie avec ses moules et ses creusets, mais tous ses soins allaient au doux et fragile arsenal de la cuisson lente : alambics, cucurbites, cornues, serpentins, pélicans, et surtout un majestueux athanor, fourneau à réflecteur dont la combustion est si calme qu'elle ressemble à la vie elle-même.

Les deux hommes passaient là des nuits entières, sous la toiture de granit rose que caressaient les rayons argentés de la lune et les ailes des dames blanches. Prélat parlait toujours à mi-voix, sans que Gilles sache jamais s'il s'adressait à lui ou s'il prononçait des prières ou des formules magiques. Le Florentin semblait fonder ses expériences sur l'ambiguïté fondamentale du feu, lequel est vie et mort, pureté et passion, sainteté et damnation. Il professait que le pèlerin du ciel – ainsi se nomme l'alchimiste en quête – n'atteint l'un de ces pôles que pour se trouver aussitôt rejeté vers l'autre pôle par un phénomène d'inversion, comme l'excès de froid provoque une brûlure, ou comme le paroxysme de l'amour se confond avec la haine. Et cette inversion pouvait être bénigne ou maligne. Le pécheur, plongé dans les abîmes de l'Enfer, pouvait en rejaillir revêtu d'innocence pourvu qu'il n'ait pas perdu la foi. Le bûcher des sorcières n'était pas un châtiment et moins encore un expédient pour se débarrasser d'un être maudit – comme la peine de mort profane. C'était une épreuve purificatrice destinée au contraire à sauver une âme gravement menacée. La Sainte Inquisition ne torturait et ne brûlait que dans un esprit de sollicitude maternelle.

Entendant ces propos, Gilles ne cessait de penser au bûcher de Rouen où il avait vu Jeanne se tordre dans les flammes.

— Elle est sauvée! affirmait Prelati. Les saints l'avaient menée de Domrémy à la cathédrale de Reims où, aux côtés du nouveau roi de France, elle avait connu une sorte d'apothéose. Puis ils l'ont abandonnée, et elle a chu de ce piédestal profane. Ensuite sa chute n'a cessé de s'accélérer jusqu'au fond du creuset d'abjection : ce bûcher et cette carcasse carbonisée sous le regard obscène de la populace. C'était le niveau zéro où devait s'amorcer une transmutation bénigne. Lavée par le feu des seize chefs d'accusation accumulés sur sa tête, Jeanne avait franchi le rideau ardent qui la séparait des champs célestes. Dès lors sa gloire allait à coup sûr éclater. Un jour elle serait réhabilitée, et confondus ses juges, qui n'avaient été pourtant que l'instrument docile du destin. Plus tard encore, elle connaîtrait la béatification, qui sait même peut-être la canonisation [3]. Mais l'épreuve du feu constituait l'inéluctable charnière de ce retournement.

Dès lors Gilles comprenait que s'il voulait suivre Jeanne, il fallait qu'il poursuive la descente aux enfers qu'il avait commencée dès avant l'arrivée du Florentin.

— Barron vous attend, murmurait Prélat à son oreille, Barron vous appelle. Allez à lui, mais non pas les mains vides. C'est sa faim charnelle qui donne un sens au sacrifice que vous faites de tous ces enfants. Il faut que leur chair vous ouvre les portes incandescentes de l'Enfer!

Et il expliquait à Gilles que ce goût invétéré de Barron pour la chair venait de loin, venait de haut. Dès les premières pages de la Bible, ne voyait-on pas Yahvé repousser les céréales que lui offre Caïn et se régaler au contraire des chevreaux et des agneaux d'Abel? Cela voulait bien dire, n'est-ce pas, que Dieu a horreur des légumes et raffole de la viande?

Et le Florentin éclatait d'un rire dément.

— Misérable! grondait Gilles, tu blasphèmes! Et d'ailleurs quel rapport avec les enfants?

— Quel rapport avec les enfants? s'exclamait Prélat. Mais c'est que Yahvé a fini par se lasser de toutes ces bestioles dont les hommes le gavaient. Alors un jour, il s'est tourné vers Abraham. Il lui a dit : prends ton petit garçon, Isaac, égorge-le et offre-moi son corps tendre et blanc! Sans . doute au dernier moment un ange est venu arrêter le bras d'Abraham quand il brandissait un couteau sur la gorge d'Isaac. Cette fois, c'était raté, mais ce n'était que partie remise. Jésus, ah, cet enfant-là, Yahvé ne l'a pas manqué! Flagellation, croix, coup de lance. Le père céleste riait aux anges.

Ces plaisanteries faisaient mal à Gilles qui répétait :

– Misérable, tu blasphèmes, tu blasphèmes!

Prélat prenait alors des airs innocents. Bien loin de blasphémer, il ne faisait que réciter les Saintes Écritures.

– Seulement voyez-vous, seigneur Gilles, ajoutait-il, si Yahvé aime la chair fraîche et tendre des enfants, le Diable, qui est l'image de Dieu, partage ces goûts. Comment en serait-il autrement?

Il s'approchait tout contre lui, il le prenait familièrement par le bras, il lui soufflait à l'oreille :

– Réussissez pour Barron le sacrifice d'Isaac! Offrez-lui la chair de ces enfants que vous immolez. Alors au lieu de vous avilir avec eux, vous vous sauverez, et eux avec vous. Vous descendrez, comme Jeanne, au fond du gouffre ardent, et vous en remonterez, comme elle, dans une lumière radieuse!

Ce qui se perpétra alors jour après jour, nuit après nuit sous les combles de Tiffauges dépasse en horreur ce que l'imagination la plus dépravée peut concevoir. Le maître et le serviteur – mais qui menait ce jeu maudit, qui obéissait? – avaient fait le vide autour d'eux, et à part deux hommes de main, Henriet et Poitou qui couraient la campagne et hantaient le laboratoire – nul ne savait ce qui se tramait. Pourtant des rumeurs sinistres couraient le pays, et le jour de la Saint-Nicolas [4] un intrus de marque perça leur secret.

Gilles et Prélat étaient penchés sur les travaux sublimes de la transmutation, quand un soldat fit irruption dans les combles. Prélat fut d'un bond sur lui, pour l'empêcher de voir ce qui se passait.

– Maraud! cria-t-il, tu risques ta tête! L'entrée de ces lieux est formellement proscrite, tu le sais pourtant?

– Seigneur, balbutia l'homme, c'est le père Blanchet qui m'envoie. Une troupe. Une troupe nombreuse et riche chemine vers le château. Dans moins d'une heure ils seront là.

– C'est bien, va-t'en, gronda Prélat en le poussant dehors.

Il paraissait accablé tandis qu'il parcourait des yeux la pièce encombrée de tous les vaisseaux chargés de liqueurs, prêts à appareiller pour l'au-delà. Puis il ramassa une barre de fer, et commença à briser cornues, bocaux, cucurbites. Gilles le crut devenu fou.

– Que fais-tu donc? C'est la fin du monde?

– Dans un sens, oui, répondit Prelati. Il faut tout détruire. Il faut que tout disparaisse.

Et il frappait, frappait. Le mercure se répandait sur les dalles en nappes d'argent. Des grimoires se tordaient en noircissant dans la forge.

– Mais enfin, m'expliqueras-tu?

Prelati s'arrêta un instant.

– Hélas, seigneur Gilles, cette troupe qui s'avance vers Tiffauges, je la connais. Depuis une semaine je fais surveiller son cheminement par mes hommes, et j'espérais qu'elle nous épargnerait sa visite. Eh bien voilà : dans une heure ils seront là. Rien ne pourra les arrêter, les beaux messieurs de la cour.

– Les messieurs de la cour?

– Le dauphin Louis, le futur Louis le Onzième, si je compte bien. Il n'a que seize ans, mais il a la réputation d'une âme retorse dans un corps chétif. Déjà il intrigue contre son père, le roi Charles.

En effet, le dauphin Louis a fait sa résidence du château de Montaigu. Le roi l'a envoyé en Poitou avec pour mission officielle de mettre fin aux exactions des gens de guerre malades de la paix, en vérité pour l'éloigner de la cour.

– Ce chat maigre est un bigot, poursuit Prelati. Il se couvre de médailles et de reliques. Son long nez ne connaît que deux odeurs : l'odeur de sainteté et l'odeur de fagot.

Plus tard le Dauphin marche d'un pas circonspect dans les salles du château, accompagné par Gilles et sa suite. Il flaire, semble-t-il, un air qui ne lui paraît pas catholique. Il s'arrête devant une cheminée où fument des lambeaux de parchemin et des débris d'os.

– Qu'est donc cela? s'étonne-t-il. Pourquoi les cheminées fumaient-elles à torrents tout à l'heure comme nous approchions de Tiffauges?

Gilles s'efforce de l'entraîner, mais il résiste et s'absorbe dans la contemplation d'un fragment de cornue.

– Il y a comme une odeur de soufre dans ces murs...

– Monseigneur, c'est la vapeur qu'on emploie pour chasser la vermine, s'empresse le Florentin.

– La vermine, vraiment? dit Louis en regardant avec insolence Gilles, Prelati et les hommes du château.

Puis il reprend son inspection à petits pas, en poursuivant comme pour lui-même :

– Il y a en effet beaucoup de vermine au royaume de France. Mais elle n'est pas de la sorte qui s'extermine avec des vapeurs de soufre. Il y a, il est vrai, une vermine d'un genre particulier qui se détruit elle-même par ses propres poisons. Il n'est que de la laisser faire.

Lorsque le cortège, lentement reformé, s'éloigne en silence, on n'entend que les appels

104

rauques des choucas tournoyant autour du donjon. Mais Gilles et ses compagnons ont la certitude qu'une menace mortelle pèse désormais sur eux.

On a voulu que le coup de main exécuté par Gilles de Rais sur Saint-Étienne-de-Mermorte fût d'un poids décisif dans son arrestation et l'ouverture de son procès. Sans doute, selon une logique primaire et superficielle qui cherche pour chaque effet une cause et pour chaque cause un effet. Mais le malheur était mûr en cette vie.

Le château de Saint-Étienne-de-Mermorte lui avait été acheté une bouchée de pain par Geoffroy le Féron. Gilles en avait gardé un amer ressentiment. Sa colère éclata quand il apprit que le nouveau maître des lieux en agissait sans douceur avec les paysans se trouvant en retard d'impôts, alors que lui-même n'avait pas réglé sa dette. Le dimanche 15 mai 1440, jour de la Pentecôte, Gilles et ses hommes se ruent à l'intérieur du château en bousculant un vieux concierge qui tente de s'interposer. Non, Geoffroy n'est pas là. En revanche son frère Jean célèbre la messe en l'église voisine. Gilles se précipite dans la nef, arrache le prêtre à l'autel, le jette à terre et menace de l'étrangler. Finalement il le couvre de liens et l'emmène en captivité. Ce coup de force brutal acheva de décourager ses partisans.

Prière prononcée par Francesco Prelati à la suite de ces événements :

Seigneur Barron, tu m'es témoin que je n'ai rien négligé pour élever cet homme jusqu'à ton seuil sublime. Je n'ai quitté ma Toscane natale que pour venir convertir sa violence en ferveur et ses bas appétits en élans vers ta face auguste. Je pensais y être parvenu. Et sans doute y étais-je parvenu : ne sacrifiait-il pas désormais les enfants, non par basse volupté, mais à seule fin de t'offrir leurs dépouilles en holocauste? Et puis voilà! Regarde-le qui vient de faire violence à un prêtre officiant et qui l'entraîne en captivité dans ses ornements, sans même savoir ce qu'il va en faire! Et cela sous le prétexte d'une poignée d'écus et pour quelques manants pendus ou mis à la question! Seigneur Barron, je confesse que grande est ma déception et que j'incline fortement à abandonner le sire de Rais au sort funeste qu'il se forge de ses propres mains...

Le fait est que l'isolement de Gilles ne fit que s'aggraver au cours des semaines qui suivirent, de telle sorte qu'il se trouvait abandonné à Machecoul ce 14 septembre 1440 quand des troupes armées venues de Nantes investirent la place. Le maître des lieux était hirsute et hagard, accroupi contre le mur d'une des salles vides du principal corps, lorsque les trompettes retentirent pour annoncer la première citation lue par le notaire Robin Guillaumet :

Nous, Jean Labbé, capitaine d'armes, agissant au nom de Monseigneur Jean V, duc de Bretagne, et Robin Guillaumet notaire, agissant au nom de Monseigneur Jean de Malestroit, évêque de Nantes, enjoignons à Gilles, comte de Brienne, seigneur de Laval, de Pouzauges, Tiffauges, Machecoul, Champtocé et autres lieux, Maréchal de France et Lieutenant général de Bretagne, d'avoir à nous donner sur l'heure accès en son château et à se constituer prisonnier entre nos mains pour avoir à répondre devant les juridictions religieuses et civiles de la triple inculpation de sorcellerie, sodomie et assassinat.

Un silence répondit peuplé par le seul cri des corbeaux qui se disputaient une carcasse dans les douves. Puis les trompettes éclatèrent à nouveau pour souligner la deuxième et la troisième citation.

Enfin Gilles se leva comme un somnambule, et commença à parcourir les galeries désertes de la forteresse en hurlant les noms de ses compagnons : Prelati, Blanchet, Henriet, Poitou... Il n'y avait plus personne. Tous avaient fui. Alors après des cris et des larmes, il se ressaisit. Il s'habilla, s'arma, et c'est en grand uniforme de maréchal de France qu'il apparut, après avoir fait rouler le grand portail sur ses gonds. Son aspect était si imposant, qu'il y eut d'abord un malentendu. Les hommes de Jean de Malestroit, croyant que le sire de Rais les attaquait à la tête d'un détachement, s'enfuirent en désordre. Mais non, stupeur! Il est seul. On l'entoure peureusement. Il remet son épée au commandant de la troupe. On lui amène un cheval. On l'aide respectueusement à se mettre en selle. Le cortège s'ébranle, mais on dirait qu'il s'agit de ses hommes, et qu'il reste le chef et le seigneur.

Arrivé dans la cour du palais ducal de Nantes, des valets l'accueillent et le mènent dans l'appartement de la Tour Neuve qui lui a été préparé. Il se déshabille, revêt l'habit blanc des Carmes, puis s'agenouille

109

sur un prie-Dieu, et médite, la tête dans les mains.

Pour Jean de Malestroit, évêque de Nantes, chancelier du duc de Bretagne et président du tribunal qui va se réunir, c'est le prélude à la plus rude épreuve de sa carrière. Il relit la lettre par laquelle il a lui-même déclenché cette énorme affaire :

> *Faisons savoir que, visitant la paroisse de Sainte-Marie de Nantes, en laquelle Gilles de Rais souvent réside, et visitant d'autres églises paroissiales, nous sont parvenues d'abord la rumeur publique et fréquente, puis les plaintes et les déclarations de bonnes et discrètes personnes, selon lesquelles messire Gilles de Rais, chevalier, seigneur dudit lieu et baron, notre sujet et notre justiciable, avec certains de ses complices aurait égorgé, tué et massacré de façon odieuse plusieurs jeunes garçons innocents, après avoir pratiqué avec ces enfants la luxure contre nature et le vice de sodomie, souvent fait et fait faire l'horrible évocation des démons, aurait sacrifié à ceux-ci et fait des pactes avec eux, et perpétré d'autres crimes énormes dans les limites de notre juridiction...*

L'arrestation et la mise en jugement de Gilles de Rais en cet automne 1440 mirent en grande rumeur toute la ville de Nantes. Les petits discutaient passionnément cette affaire de seigneurs. Allait-on questionner le prévenu? La canaille en rêve sans y croire : les grands ne se torturent pas entre eux! La question, c'est bon pour le peuple. Sans doute le Maréchal de France sortirait indemne de l'aventure, et même plus grand monsieur qu'avant.

Pour les menus aventuriers du négoce et de la procédure, tout cela sentait l'argent à plein nez. Cette immense fortune, ces forteresses, ces terres, tout ce formidable butin, c'était autre chose que les histoires de sorcellerie et de gamins égorgés qu'on agitait pour la frime! Du brigandage de haute volée, une curée royale à laquelle se pressaient les plus grands fauves de la région! En attendant, l'énormité de la capture faisait hésiter les ennemis de Rais. Un fabliau improvisé circulait : les lapins ont pris le loup au piège. Que faire, mon Dieu, que faire! On ne peut tout de même pas le relâcher!

Mais en haut lieu, des soucis plus nobles assombrissent les fronts. Jean V, duc de Bretagne, et l'évêque Jean de Malestroit supportent tout le poids de ce procès historique.

– Ce qui m'accable, voyez-vous monseigneur, c'est le rapprochement inéluctable qui sera fait entre ce procès et celui de Jeanne la Pucelle.

– Je ne vois aucun rapport entre ces deux affaires, affirme Malestroit sans conviction.

– Mais c'est que Gilles de Rais fut le fidèle compagnon de Jeanne. Et il y a neuf ans, Jeanne est montée sur le bûcher pour fait de sorcellerie. Et aujourd'hui, qu'est-ce qui menace le seigneur de Rais?

– Je ne crois pas m'avancer beaucoup en disant qu'il risque de monter à son tour sur le bûcher pour fait de sorcellerie, admet Malestroit.

– Vous voyez!

Les deux hommes baissent la tête en silence, comme accablés par cette similitude évidente. Le duc reprend ensuite en martelant ses mots :

– Le procès de Jeanne a été une entreprise

criminelle de prévention et d'imposture. Je veux que le procès de Gilles de Rais soit une œuvre irréprochable de justice et de sérénité. Je compte sur vous, monseigneur!

Le procès s'ouvrit le jeudi 13 octobre et s'acheva le mardi 26 octobre. Treize jours au cours desquels Gilles de Rais se montra sous trois aspects – mais faut-il dire sous trois masques, ou s'agissait-il de trois âmes diverses habitant le même homme?

On vit d'abord paraître le grand seigneur hautain, violent et désinvolte. Puis en l'espace d'une nuit, il se métamorphosa en un désespéré à la fois bestial et puéril, s'accrochant à tous ceux qu'il croyait pouvoir le secourir et le sauver. Enfin il sembla définitivement habité par le souvenir de Jeanne, et il alla au supplice en chrétien apaisé et rayonnant.

Dès le premier jour, à l'audition des quarante-neuf articles de l'acte d'accusation, Gilles chargea le promoteur Jean de Blouyn et l'évêque Jean de Malestroit comme un taureau furieux. A la question de Malestroit :

— Avez-vous quelque chose à dire touchant ces accusations?

— Je n'ai rien à dire touchant ces accusations, répondit-il, parce que j'ai trop à dire touchant les bouches qui les ont prononcées.

« Seigneur Malestroit, évêque de Nantes, et vous frère Jean de Blouyn, et vous frère Guillaume Mérici, et vous autres qui siégez à droite et à gauche de ces éminences, comme autant d'oiseaux de mauvais augure sur le même perchoir :

« Je suis chrétien autant que vous, et autant que vous j'ai droit à la justice divine, et j'affirme, de par Dieu, que vous n'êtes pas des juges. Vous êtes des charognards! Ce n'est pas mon crime qui est en cause, ce n'est même pas ma personne, c'est ma fortune et elle seule. Ce sont mes terres, mes châteaux, mes forêts, mes fermes, mes coffres, l'or que vous soupçonnez qu'ils contiennent. Si j'étais pauvre, croyez-vous que je serais ici pour répondre de prétendus assassinats et autres hérésies? Non, si j'étais pauvre, je serais à cette heure libre comme l'air, parce que tous ici présents vous vous souciez des crimes et des hérésies comme d'une guigne. Mais il s'agit d'autre chose. D'une chose autrement sérieuse que des crimes et des hérésies. Il s'agit d'un immense butin que vos narines frémissantes subodorent. Tous, vous avez déjà trempé dans des manœuvres sordides destinées à me dépouiller. Derrière des prête-noms transparents, vous avez négocié l'achat de tel ou tel de mes biens à des conditions fabuleusement profitables. Non, vous n'êtes pas des juges : vous êtes des débiteurs. Je ne suis pas un accusé : je suis un créancier. Moi disparu, vous vous disputerez mes restes, comme des chiens après la mort du cerf s'arrachent ses tripes et ses boyaux. Eh bien, je dis non! Je récuse votre présence. J'en appelle à l'autorité supérieure. Retirez-vous! Sortez d'ici! »

Cette attaque furieuse venant d'un seigneur aussi prestigieux que Rais déconcerta les juges.

Un mouvement d'hésitation parcourut leurs rangs. Finalement l'un d'eux se leva, imité bientôt par les autres. Atterrés, ils sortirent piteusement, les uns derrière les autres...

L'audience suivante eut lieu le surlende-main, samedi 15 octobre. Ce qui se passa ce jour-là n'est intelligible que si l'on a présente à l'esprit la foi inébranlable de Gilles de Rais. Non moins que Jeanne – et comme la plupart des hommes et des femmes de ce temps – il vit de plain-pied avec le ciel, et l'Église est sa mère. C'est d'ailleurs ce qu'il clame dès l'ouverture de l'audience :

– Je suis chrétien, vous m'entendez, chrétien! Comme vous, j'ai été baptisé, et donc lavé du péché originel, replacé entre les mains de Dieu. Et j'ajoute que je me suis confessé et que j'ai reçu l'absolution de la bouche du père Eustache Blanchet, la veille de mon arres-tation. Tel que vous me voyez, messieurs mes juges, je suis blanc et pur comme l'agneau qui vient de naître.

Mais il a affaire à des théologiens plus rusés et plus puissants que lui. Jean de Blouyn lui oppose un distinguo subtil propre à lui brouiller les idées.

– Tu dis : je suis chrétien. Mais on n'est pas chrétien. Personne ne peut se vanter d'être chrétien, si ce n'est Christ lui-même. On s'efforce tout au plus de le devenir. C'est un idéal inaccessible.

Voilà pour la ruse. La puissance va parler par la bouche de Jean de Malestroit :

– En revanche tu ne prétends pas être catholique, et là, pour une fois, tu ne te trompes pas, seigneur de Rais! Car si tu fus jamais catholique, tu as cessé de l'être, sache-le bien.

– J'ai cessé d'être catholique?

– Parfaitement, tu as cessé d'être catholique. En vertu d'un décret d'excommunication pris ici même, au jour d'hier, envers toi, à l'unanimité des présents. Tu es excommunié, Gilles de Rais, rejeté de la communauté dans les ténèbres extérieures.

Excommunié? Ce mot frappe Gilles comme la foudre. L'excommunication est pire que la mort, puisqu'elle débouche sur la damnation éternelle. L'âme ne peut se passer de la protection de l'Église pour triompher des embûches du Malin.

Gilles pousse un hurlement de colère et de douleur.

– Moi? Excommunié? Vous n'avez pas le

droit! L'Église est ma mère. J'en appelle à ma mère! J'ai droit à sa présence, à son assistance, à sa chaleur. Je ne suis pas un orphelin. Je ne suis pas un enfant abandonné. Je ne veux pas avoir froid loin du sein de ma mère. Au secours! Au secours!

Et on le voit se précipiter vers ses juges et se jeter en pleurant dans les bras de Malestroit.

L'audience interrompue est reprise l'après-midi. Gilles apaisé, transformé, fait acte de soumission envers le tribunal :

— Je reconnais comme juges compétents de ma cause l'évêque Jean de Malestroit, le promoteur Jean de Blouyn et son assistant Guillaume Chapeillon, curé de Saint-Nicolas, ainsi que ses assesseurs Guillaume de Malestroit, évêque du Mans, Jean Prigent, évêque de Saint-Brieuc, Denis Lohérie, évêque de Saint-Lô, et Jacques de Pontcoëdic, official de l'église de Nantes.

« Je leur demande bien humblement pardon pour les injures et les paroles blessantes que j'ai proférées à leur endroit dans mon aveuglement. »

Après cette déclaration faite à voix basse et monotone, on vit les toques, mitres, barrettes et calottes du tribunal s'incliner les unes vers les autres : ces messieurs se consultaient. Puis Jean de Malestroit prononça :

— Pour l'amour de Dieu, tes juges t'accordent le pardon que tu implores.

— Suis-je toujours excommunié? voulut savoir Gilles.

— Le décret d'excommunication qui te frappait est levé. Tu es réintégré dans le sein de notre mère l'Église.

Ces derniers mots parurent lui rendre la vie. Il se redressa et, regardant du haut de sa stature la brochette d'assis qui lui faisait face :

— De mon côté, dit-il, je reconnais la véracité absolue des témoignages atroces déposés contre moi. Il n'est pas un détail des dépositions faites par parole ou par écrit qui ne soit exact. Depuis le Christ mourant sur la croix chargé de tous les péchés du monde, pas un être n'a eu à répondre d'autant de crimes. En vérité je suis l'homme le plus exécrable qui fut jamais. L'énormité de ma faute est insurpassable.

Il y avait tant d'orgueil dans ces aveux que les juges se sentirent humiliés plus encore que sous les injures dont Gilles les avait accablés l'avant-veille. Malestroit se pencha vers Blouyn :

— Il se prend pour Satan! lui dit-il.

— C'est pourquoi, reprit Gilles, je vous conjure de m'appliquer sans faiblesse ni atermoiement la peine la plus lourde qui soit, persuadé qu'elle sera encore trop légère pour mon infamie.

« Mais je vous supplie en même temps de prier ardemment pour moi, et, si votre charité en a la force, de m'aimer comme une mère aime le plus malheureux de ses enfants. »

Dès lors Gilles assista, raide et figé comme une statue, à l'interminable défilé des témoins, dont chacune des paroles retombait sur sa tête comme une pierre. Ce furent d'abord les parents des jeunes victimes disparues, et notamment :

Nicole, femme de Jean Hubert, de la paroisse de Saint-Vincent :

J'avais un fils nommé Jean, âgé de quatorze ans. Il fut abordé à Nantes où séjournait le sire de Rais par un nommé Spadine qui demeurait avec ledit sire de Rais. Ce Spadine donna à l'enfant une miche qu'il nous porta, disant que le sire de Rais souhaitait qu'il reste avec lui. Nous lui avons dit que c'était bien ainsi. Sur quoi l'enfant est parti avec ce Spadine pour ne plus jamais reparaître. Mon homme, Jean Hubert, s'est rendu au château de la Suze pour interroger Spadine sur le sort du petit Jean. La première fois Spadine lui a répondu qu'il ne savait pas. La seconde fois, il a refusé de recevoir Jean Hubert.

Jean Darel, de la paroisse de Saint-Séverin :

Il y a un an et plus, alors que j'étais malade au lit, Olivier, alors âgé de sept à huit ans, s'ébattait avec d'autres enfants dans la rue du Marché, le jour de la Saint-Pierre. Olivier n'est pas revenu à la maison, et personne ne l'a plus revu.

Jean Férot et sa femme :

Il y a deux ans lors de la Saint-Jean-Baptiste, Régnaud Donète, aujourd'hui décédé, se louait chez nous pour faire le métier de boulanger, et souvent un sien fils âgé de douze ans venait qui enfournait le pain avec lui. Mais plusieurs fois nous avons vu que, lorsqu'il avait préparé une demi-fournée, s'il savait que le sire de Rais était dans la ville, il quittait le fournil et s'en allait dans la maison dudit sire de Rais. Et nous ne savons pas ce qu'il y faisait. Or un jour, que nous ne pouvons pas préciser, nous l'avons vu par-

tir, et jamais, depuis ce jour, nous ne l'avons
vu revenir.

André Barre, cordonnier, demeurant à
Machecoul :

Depuis Pâques, j'ai entendu dire que le
fils de mon ami Georges Le Barbier a été
perdu. On l'a vu pour la dernière fois cueillir
des pommes derrière le château de Machecoul.
Certains voisins avaient dit à Georges Le
Barbier qu'il prenne garde à son enfant lequel
risquait d'être pris, car le bruit courait qu'à
Machecoul on mangeait les petits enfants.

Jeanne, veuve d'Aymery Edelin, demeurant
à Machecoul :

J'avais un garçon de huit ans qui allait
à l'école et qui était très beau, très blanc et
très capable. Il demeurait avec sa grand-mère
devant le château de Machecoul. Il a disparu
sans que je puisse savoir ce qu'il est devenu.
Et vers le même temps, un enfant de Roussin
et un autre de Jeudon. Et environ quinze
jours après, un enfant de Macé Sorin a été
également perdu. Comme on entendait des
plaintes, on a imaginé que ces enfants avaient
été donnés pour la libération de messire Michel

de Sillé, prisonnier des Anglais, lesquels auraient exigé comme rançon vingt-quatre enfants mâles.

Thomas Aisé et sa femme, demeurant à Machecoul :

Étant des pauvres gens, au temps de la Pentecôte, nous avons envoyé un de nos fils âgé de dix ans demander l'aumône au château. Nous ne l'avons pas revu, et nous n'en avons pas de nouvelles à une exception : une petite fille d'un voisin, ayant mendié en même temps au château, a raconté que premièrement on avait donné du pain à part aux filles, et qu'un serviteur avait dit aux garçons qu'ils auraient de la viande s'ils entraient dans la salle. Elle les a vus entrer.

Péronne Lossart, demeurant à La Roche-Bernard :

Au mois de septembre, il y a deux ans, le sire de Rais, venant de Vannes, avait logé à l'auberge de Jean Colin située en face de chez moi. C'est ainsi que l'un des serviteurs du sire de Rais, un nommé Poitou, s'intéressa à mon fils qui avait dix ans et qui allait à l'école. Il me demanda de laisser partir l'en-

fant avec lui. Il l'habillerait et le nourrirait
très bien et lui ferait de grands avantages.
Alors je lui ai dit que l'enfant avait bien le
temps, et que je ne le retirerais pas de l'école.
Sur quoi il me dit qu'il l'enverrait lui-même
à l'école, et qu'il me donnerait quatre livres.
J'ai laissé l'enfant partir avec lui. Et il
l'emmena à l'auberge de Colin. Le lendemain,
comme le sire de Rais sortait de l'auberge, je
l'ai abordé pour lui recommander l'enfant qui
était avec lui. Il ne m'a rien dit, mais à
Poitou, il dit que cet enfant avait été bien
choisi, et qu'il était beau comme un ange.
Peu après, ils achetèrent un petit cheval à
Colin pour l'enfant, et ils partirent en cortège.
Depuis, malgré tous mes efforts, je n'ai pu
obtenir de nouvelles de mon fils.

Des nouvelles de tous ces enfants, on devait en avoir bientôt. L'interrogatoire d'Étienne Corrillaut, dit Poitou, et d'Henriet Griart, chambriers du sire de Rais, devait révéler ce qui leur advenait derrière les murs de Tiffauges, Champtocé et Machecoul.

— Après que le sire de Rais a eu transféré la possession du château de Champtocé au seigneur duc de Bretagne, raconte Poitou, il a voulu y retourner une dernière fois avec moi. Avant d'arriver à ce château de Champtocé, il m'a fait arrêter et a voulu que je jure de ne jamais révéler ce que j'allais voir.

— Et pourtant tu vas nous dire maintenant ce que tu as vu à Champtocé.

— Dans la tour du château, il y avait des ossements d'enfants.

— De combien d'enfants?

— Il fallait tout mettre très vite dans des coffres liés avec des cordes. Je n'ai pu les compter. Mais d'après les crânes, il devait y en avoir trente-six à quarante-six.

– Et qu'avez-vous fait de ces ossements?

– Nous les avons transportés à Machecoul, dans la chambre du sire de Rais, et là, avec son aide, nous les avons brûlés dans la cheminée. Les cendres ont été dispersées dans les douves du château.

– Que se passait-il dans cette chambre du sire de Rais à Machecoul?

– C'était là que Sillé, Henriet et moi-même nous menions les enfants qu'attendait le sire de Rais.

– As-tu été témoin de ce que le sire de Rais faisait subir à ces enfants?

– Oui. Le sire de Rais pour exercer sur ces enfants, garçons et filles, ses ardeurs charnelles prenait premièrement sa verge...

– Tais-toi! Pas un mot de plus!

Le promoteur Jean de Blouyn s'est levé. Il dégrafe sa cape et va en couvrir le crucifix accroché au mur derrière lui.

– Et maintenant, Poitou, continue!

– ... il prenait sa verge, je veux dire son membre viril, et le frottait pour l'ériger, puis l'enfonçait entre les cuisses de l'enfant en évitant la voie naturelle des filles.

– Les cris des enfants ainsi maltraités ne pouvaient-ils donner l'alerte?

– Pour éviter ces cris, le sire de Rais suspendait l'enfant par le cou à un crochet avec des liens. Ensuite avant que l'enfant meurte étranglé, il le déliait, le ranimait, le cajolait, lui jurait que c'était sans malice et par simple amusement qu'il en agissait ainsi avec lui. Puis quand l'enfant commençait à se rassurer, il l'égorgeait et jouissait encore avec lui durant son agonie.

– Comment était tué l'enfant?

– Parfois le sire de Rais le tuait de ses propres mains. Parfois il le faisait tuer par Henriet ou par moi. On lui coupait la tête, ou on lui ouvrait la gorge, ou encore on lui brisait la nuque avec un bâton, comme on fait d'un lapin. Le sire de Rais quant à lui se servait d'un glaive qu'il appelait familièrement son braquemart.

Sur un signe du promoteur, un huissier apporte le braquemart en question, et le présente à l'ensemble des juges.

Avec Henriet Griart, on entra dans des détails plus déliés. Le promoteur voulut d'abord savoir si certains enfants avaient eu la vie sauve après avoir servi au sire de Rais.

— Ce n'était pas seulement par précaution et pour les faire taire qu'il les tuait, précisa Henriet. Je l'ai entendu plus d'une fois se vanter d'avoir une plus grande délectation à tuer et à égorger les garçons et les filles, à les voir souffrir et à suivre les progrès de leur agonie qu'à exercer sa luxure sur eux.

— N'y a-t-il donc pas un enfant qui ait survécu aux caresses criminelles du sire de Rais?

— Non, à une exception près. Quand le sire de Rais manquait de victimes fraîches pour exercer sa débauche, il avait recours aux jeunes chanteurs de sa chorale. Mais alors il n'en usait pas aussi cruellement avec eux, car il aimait passionnément la musique.

– Que faisiez-vous ensuite des corps et des vêtements?

– Les corps étaient ensevelis dans la cheminée sous des tas de fagots, et on entretenait le feu jusqu'à ce qu'ils fussent réduits en cendres, et ces cendres étaient dispersées dans la terre et les eaux du château. Les vêtements étaient brûlés aussi, mais lentement et progressivement pour éviter un excès de fumée qui aurait pu intriguer à l'extérieur.

– Les cadavres des enfants n'étaient-ils pas utilisés auparavant à diverses fins?

– Parfois les yeux, le cœur et les mains étaient disposés sur un plateau. Le sang emplissait un bassin. C'était pour faire offrande au Diable et gagner ainsi ses faveurs. Mais il arrivait aussi que le sire de Rais coupe la tête de plusieurs cadavres et les dispose sur une cheminée. Alors il nous appelait et nous obligeait à contempler cet étal avec lui et à lui dire laquelle nous trouvions la plus belle. Quand on s'était mis d'accord sur la plus belle, il la prenait entre ses mains et appuyait sa bouche sur sa bouche.

Le procès devait atteindre son sommet avec l'interrogatoire de Francesco Prelati. Le Florentin mit dans son allure, sa tenue et ses propos toute l'insolente élégance qui le caractérisait. Ce n'était pas adroit. Sans doute estimait-il qu'aucun calcul, aucune momerie, aucune bassesse ne pouvait sauver une cause aussi compromise que la sienne [5]. A moins peut-être qu'il fût incapable d'être autrement que lui-même. Sa morgue éclata dès sa première réponse. Le promoteur Chapeillon lui ayant demandé s'il s'appelait bien Francesco Prelati,

— Appelez-moi Prélat, exigea l'accusé.

— François Prélat, reprit docilement Chapeillon, vous êtes né il y a vingt-trois ans à Monte Catini, dans le diocèse de Lucques, en Italie. Vous avez reçu la tonsure cléricale de l'évêque d'Arezzo, et nonobstant vous vous êtes versé dans l'étude de la poésie, géomancie, chiromancie, nécromancie et alchimie.

Ce *nonobstant* éveilla un sourire ironique sur le visage de Prelati qui acquiesça.

— Il y a environ deux ans, comme vous logiez chez l'évêque de Mondovi, vous rencontrez dans les bas quartiers de Florence un certain abbé Eustache Blanchet qui se donne comme le confesseur et l'envoyé du sire de Rais. Il vous demande si vous seriez disposé à l'aider dans son œuvre de salut auprès dudit sire de Rais. Vous acceptez.

— Il y avait une âme en perdition, je me devais de voler à son secours, prononça noblement Prelati.

— Tant de sollicitude étonne de votre part, et on est encore plus surpris quand on apprend qu'au secours de cette âme en perdition, comme vous dites, ce n'est pas Dieu ni ses saints que vous invoquez, mais Satan, Barron, Bélial, Belzébuth, bref tout le ban et l'arrière-ban de l'enfer!

— Eux seuls pouvaient encore quelque chose pour le sire de Rais.

— Expliquez-vous.

— Le père Blanchet m'avait prévenu. Pourtant quand j'ai découvert l'état d'abjection où était tombé le sire de Rais, j'ai été effrayé.

— Et vous avez appelé le Diable à la rescousse.

— Pour ce qui est de Dieu et de ses saints,

134

le père Blanchet était là, et il paraissait au bout de son latin. Un proverbe de mon pays dit à peu près : à maladie de palefrenier, médecine de cheval. La médecine en l'occurrence, c'était le feu. Et premièrement le feu de l'Enfer, seul propre à cautériser les plaies purulentes du sire de Rais.

— Étrange médication qui consistait à livrer Rais au Diable!

— Il n'était pas question de livrer le sire de Rais au Diable. Pour invoquer Barron, j'avais composé la cédule dont voici la formule : « Viens à ma volonté, et je te donnerai ce que tu voudras, excepté mon âme et l'abréviation de ma vie. »

— Croyez-vous donc qu'on fait ainsi la part du Diable?

— Certainement. Il n'est que de savoir lui parler.

— Et quand vous vous engagez à lui donner tout ce qu'il voudra, savez-vous ce qu'il va vouloir?

— Sans doute.

— Des sacrifices humains! Du sang, des cœurs, des membres d'enfants!

— Dieu n'a-t-il pas demandé à Abraham de lui sacrifier son petit Jacob?

Malestroit ne pouvait en supporter davantage. Il se leva furieux et pointa son index ganté de mauve :

– Maudit Florentin, tu outrages les Écritures!

Prelati se tourna vers lui avec une déférence ironique :

– Et Jésus n'a-t-il pas dit : *laissez venir à moi les petits enfants?*

– Je t'ordonne de te taire! tonna Malestroit.

– Satan est l'image de Dieu, poursuivit Prelati avec une douceur affectée. Une image inversée et difforme, certes, mais une image cependant. Il n'est rien de Satan qui ne se retrouve en Dieu. C'était d'ailleurs sur cette ressemblance profonde que je comptais pour sauver le sire de Rais.

Malgré eux, tous ces théologiens, grands amateurs de fines disputes, dressent l'oreille. Pierre de l'Hospital fait signe à Malestroit de laisser parler Prelati.

– Continuez!

– Pousser le sire de Rais au plus noir de sa mauvaiseté, puis, par l'opération ignée, lui faire subir une inversion bénigne semblable à celle qui transmue en or le plomb ignoble. Il devenait un saint auréolé!

– C'est du délire! s'exclame Malestroit.

– Nous vivons des temps de délire. Le sire de Rais a été foudroyé par la tribulation de Jeanne la Pucelle.

– Que vient faire maintenant Jeanne la Pucelle dans cette affaire?

– Le sire de Rais a remis son cœur de chevalier entre les mains de Jeanne qui rayonnait de sainteté. Les anges veillaient sur elle. Saint Michel et sainte Catherine la conseillaient. Au demeurant, elle volait de succès en victoire. Puis ce fut l'inversion maligne : la nuit noire du cachot, le procès, la condamnation, le feu expiatoire, mais aussi rédempteur. Cette inversion maligne, il fallait que le sire de Rais la subisse à son tour. De là ses crimes sous l'invocation du Diable. Mais il est désormais en bonne voie.

– Qu'appelez-vous en bonne voie?

– N'est-il pas en marche à son tour vers le bûcher?

– Et ensuite, qu'espérez-vous?

– L'inversion bénigne. Qui sait si, un jour, la sorcière de Rouen ne sera pas réhabilitée, lavée de toute accusation? Honorée et fêtée? Qui peut dire si, un jour, elle ne sera pas canonisée en cour de Rome, la petite bergère de Domrémy? Sainte Jeanne! Quelle lumière ne retombera pas alors sur Gilles de Rais qui l'a toujours suivie comme son ombre? Et qui peut dire si, dans ce même mouvement, on ne vénérera pas son fidèle compagnon : saint Gilles de Rais?

En ce mercredi 25 octobre 1440 sévit sur les côtes océanes l'une de ces tempêtes d'automne qui font croire à la fin du monde. Des vagues énormes croulent sur les grèves. Des embruns et des lambeaux d'écume s'envolent dans un ciel labouré d'éclairs et s'engouffrent dans les ruelles de Nantes. Sur l'île de Biesse, l'une des langues sablonneuses qui encombrent le lit de la Loire, des hommes luttent contre les bourrasques pour dresser un étrange golgotha : trois bûchers que surmontent trois potences, celle du milieu plus haute que les deux autres.

Cependant la population se prépare à une fête magnifique et funèbre. Dans les maisons, les femmes et les fillettes s'attifent comme pour un mariage, à cela près qu'elles n'échangent pas un mot et que leurs vêtements sont noirs. Car la fête qu'on célèbre ce soir, c'est l'entrée du sire de Rais dans l'autre monde par une porte de feu.

Dehors, ce n'est qu'une forêt de torches dont les flammes se tordent dans les rafales de vent. Les grandes portes de la cathédrale s'ouvrent lentement. Paraît d'abord, sur le parvis, l'évêque Jean de Malestroit en mitre d'or et gants blancs. Il s'appuie sur sa crosse, comme écrasé par une immense fatigue. Il a mené à bonne fin sa lourde tâche, mais ces treize jours pèsent comme vingt années sur ses épaules. Viennent ensuite les chanoines du chapitre en aubes blanches et camails verts, le clergé ordinaire, les enfants de chœur. Ils sont suivis par le duc de Bretagne à la tête de ses dignitaires.

Un grand vide entoure dans le cortège les trois condamnés : Gilles, Poitou et Henriet qui s'avancent pieds nus et en robe de bure. Derrière eux piétine la sombre foule des parents des enfants assassinés. Ils marchent par couples en portant entre eux un petit cercueil blanc. On traverse les bras du fleuve sur plusieurs ponts avant de se rassembler sur les prairies de l'île de Biesse. Arrivé au pied du bûcher, Gilles embrasse Poitou et Henriet.

— J'ai demandé et obtenu de mourir le premier, leur dit-il, afin que vous n'ayez aucun doute sur mon châtiment. Je vous précède donc vers la porte du ciel. Suivez-moi dans mon salut, comme vous m'avez suivi dans mes crimes.

Puis il se tourne vers la foule des parents et leur dit :

– J'atteste que la foi de mon enfance est demeurée pure et inébranlable. J'ai rencontré une sainte. Je l'ai accompagnée dans sa gloire. Puis elle a été condamnée par l'Inquisition comme sorcière, et moi je suis devenu le plus grand pécheur de tous les temps et le pire homme qui fût jamais. Personne n'a autant que moi besoin de la sollicitude de ses semblables et de la miséricorde de Dieu. Mes amis, mes frères, je vous en conjure, priez pour moi!

Les bourreaux s'affairent autour des bûchers. La flamme jaillit. Trois corps se balancent sous la poussée des bourrasques. La foule tombe à genoux. Des prières et des chants s'élèvent. Mais ni ce vaste chœur funèbre, ni la rumeur profonde de la tempête ne couvrent un appel céleste qui résonne comme une cloche lointaine et qui crie :

Jeanne! Jeanne! Jeanne!

NOTES

Page 21.

1. Isabeau de Bavière, mère indigne du dauphin Charles.

Page 24.

2. Les rois de France, de Philippe Auguste en 1179 à Charles X en 1825, furent sacrés à Reims. Trois exceptions : Henri IV sacré à Chartres; Napoléon, sacré à Paris, et Louis XVIII qui ne fut pas sacré.

Page 99.

3. Réhabilitée en 1456, Jeanne est béatifiée en 1909 et canonisée en 1920.

Page 102.

4. En décembre 1439.

Page 133.

5. Condamné à la prison à vie, Prelati s'évade et entre comme thaumaturge au service de René d'Anjou. Celui-ci le nomme capitaine de La Roche-sur-Yon où il emmène son compère Eustache Blanchet. En 1445 il est cependant jugé et pendu pour avoir dérobé et utilisé le sceau du Trésorier de Bretagne.

DU MÊME AUTEUR

Composé et achevé d'imprimer
par l'Imprimerie Floch
à Mayenne, le 27 avril 1983.
Dépôt légal : avril 1983.
Numéro d'imprimeur : 20777.
ISBN 2-07-024269-2 / Imprimé en France